胡森林 主编 曹原 著

调查研究方法
全能一本通

RESEARCH REPORT WRITING

实用理论 + 实务指南 + 实例解读

人民邮电出版社

北 京

图书在版编目（CIP）数据

调查研究方法全能一本通：实用理论+实务指南+实
例解读 / 胡森林主编；曹原著. -- 北京：人民邮电出
版社，2024.7
　ISBN 978-7-115-64131-1

　Ⅰ．①调… Ⅱ．①胡… ②曹… Ⅲ．①社会调查—调
查方法 Ⅳ．①C915

中国国家版本馆CIP数据核字(2024)第077668号

内 容 提 要

　　本书围绕调查研究的方法，从概念和意义、特征及原则、常见调研方法详析，以及调查研究方法的正确使用要领、注意事项、典型经验等六个方面，对调查研究的方法论进行了全方位、多维度的介绍，深入阐释了为何开展调查研究、何谓"调查研究方法"以及新时代如何改进调查研究方法等问题。同时，本书选取了各领域、各时期的调查研究经典案例和调查研究经典文献，并对其进行"解剖麻雀"式的深入剖析，以便读者更为直观、全面地了解和掌握各类调查研究的科学方法。

　　本书适合各级党政机关领导干部、企事业单位决策者和管理者、高校及科研机构研究人员、调查研究一线的工作人员，以及对调查研究领域感兴趣的社会各界人士阅读。

　◆　主　　编　胡森林
　　　著　　　　曹　原
　　　责任编辑　孙燕燕
　　　责任印制　周昇亮
　◆　人民邮电出版社出版发行　　北京市丰台区成寿寺路 11 号
　　　邮编　100164　　电子邮件　315@ptpress.com.cn
　　　网址　https://www.ptpress.com.cn
　　　涿州市般润文化传播有限公司印刷
　◆　开本：720×960　1/16
　　　印张：7.75　　　　　　　　2024 年 7 月第 1 版
　　　字数：85 千字　　　　　　2025 年 10 月河北第 2 次印刷

定价：49.80 元

读者服务热线：(010)81055296　印装质量热线：(010)81055316
反盗版热线：(010)81055315

总　序

　　调查研究是决策之基、成事之道，是中国共产党的优良传统，也是做好各项工作的基本功。老一辈无产阶级革命家、党和国家领导人都在这方面树立了光辉的典范。注重调查研究、做好调查研究，也是各行各业决策者和管理者、政策制定者以及广大研究人员的必修课。

　　调查研究作为一项系统性、创造性的工作，其中有两个非常重要的阶段。一是开展调查研究阶段，主要是"动脚""动嘴"的阶段，需要科学的理念和方法作为保证。不断总结、丰富、完善调查研究方法论，是提高调查研究实效的重要举措。二是撰写调研报告阶段，主要是"动脑""动笔"的阶段，需要掌握有效的写作方法。了解不同类型的调研报告的写作思路和要领，将调研成果转化为文字，是确保调研工作取得良好成效的基础。同时，这两个阶段对广大从事调查研究工作的人来说，也是需要提升自身本领的关键和难点。

　　在全党、全国大兴调查研究之风的背景下，顺应广大读者对开展调查研究和掌握撰写调研报告的基本知识与方法的需求，我们编写了《调查研究方法全能一本通：实用理论＋实务指南＋实例解读》和《调研报告写作全能一本通：成文步骤＋实战技巧＋精选案例》，试图帮助读者提高前述两个阶段的能力与本领，以更好地开展调研工作和撰写调研报告，更好地在各自的岗位上破解难题，优化决策，推动工作。

本套书由胡森林主编，其负责思路设计、方向指导和内容统筹；曹原负责编写《调查研究方法全能一本通：实用理论＋实务指南＋实例解读》，刘伟负责编写《调研报告写作全能一本通：成文步骤＋实战技巧＋精选案例》。我们力求在编写理念、方法和体例上富于特色、有所创新，注重增强内容的可读性和可用性。但由于水平和视野有限，书中难免存在诸多不足，恳请读者谅解和指正。

胡森林

2024 年春于北京

前　言

　　调查研究是决策之基、成事之道。2023 年 3 月，中共中央办公厅印发《关于在全党大兴调查研究的工作方案》，将大兴调查研究作为在全党开展的主题教育的重要内容。无论是对于决策者和管理者还是对于实务工作者，调查研究的方法都是非常重要的工作方法之一。

　　调查研究是一种方法和手段，也是一门学问和艺术，还是一种科学精神和作风。衡量调查研究搞得好不好，不是看调查研究的阵仗有多大、时间有多长或是调研报告写得有多么漂亮，关键要看调查研究的方式方法是否得当、调查研究是否取得实效。不可否认的是，目前调查研究领域仍存在着调查沉不下去、研究提不上去的困境。调查研究如何"身入、心入、情入"？调查研究如何求真、求是、求实？如何用好调查研究这个"传家宝"，进一步做好新时代调查研究工作？这些都要求我们要对调查研究的方法论进行持续深入的研究，不断总结、丰富、完善调查研究的方法。这也是本书关注和探讨的重点内容。

　　2024 年是笔者参加工作的第十个年头。"十年磨一剑"，此次书稿的撰写过程也是对基层十年工作的总结与回望之旅。十年间，从首都海拔最高的部队到深山区最偏远的乡镇，笔者跋山涉水的脚底板下沾满了泥土的芬芳，也赋予了青春以质朴厚重的底色。十年间，笔者也曾有幸到国家某部委锻炼学习，亲身经历并参与了一项项国家级文件的形成全过程：如何从一次次调研中肇始、如何从脚下提上案头、如何从案头的调研报告升华为正式政策……在一次次天南海北的调研中，从"下接地气"到"上接天气"的过程中，笔者深刻认识到"坐在办公室里都是问题，走出办公室都是办法"，更真正感受到要做好调查研究就要学会"站在天安门城楼上看问题，站在田间地头想办法"。正如国务院研究室原主任魏礼群所说，调查研究应树立"为天地立心、为国家立策、为民众立言"的崇高追求，努力做到"调研不深不言停、研究不透不收兵、文章不精不放行"。

本书既参考了调查研究领域的经典文献书籍，也饱含了笔者在工作实践中的调研心得。希望此书能为读者提供正本清源的"调研理论包"、开启思路的"调研经验包"，以及指导实践的"调研材料包"。由于笔者水平有限、阅历尚浅，书中难免存在不当之处，敬请读者批评指正。

在撰写本书的过程中，笔者学习参考了魏礼群、李雪勤、王西冀、余爱民等前辈老师的文献著作，吸收借鉴了《人民日报》《秘书工作》等报刊公开发表的调查研究领域相关文章及报道的精华内容，同时，有幸得到了周文彰、李雪勤、胡森林等领导和前辈的悉心指导，在此一并表示诚挚的感谢！

曹原于北京

2024 年 2 月 28 日

目 录

第一章
调查研究方法概述

　　当前，全国上下正在大兴调查研究之风。调查研究是对实际情况的调查了解和分析研究，是正确认识的前提、科学决策的基础，也是推动高质量发展的途径，其重要性不言而喻。而调查研究要想取得好的效果，学习掌握科学的调研方法是重要前提。

一、调查研究方法的概念

　　调查研究方法是为了实现调查研究目的、围绕调查研究主题而采取的科学研究方法，是有目的地对调研对象及有关社会现象进行科学研究的手段，是通过一定的途径把事情的真相和全貌调查清楚、把问题的本质和规律把握准确、把解决问题的思路和对策研究透彻的科学方法，本质上属于方法论的范畴。

　　调查研究方法作为一种科学研究方法，不仅是政府部门工作的重要方法，也是学术研究的重要方式和社会调查的重要途径。本书所说的调查研究方法是各类调查研究方法的总和，既包括量化调查研究方法，也包括质性调查研究方法。调查研究方法包括但不限于本书所提到的问卷调查法、文献调查法、实地观察法、访谈调查法、参与式调查法、专家调查法、统计调查法、会议调查法、典型调查法、试验调查法，以及非抽样调查法、抽样调查法、社会测量法等调查研究方法。

调查研究方法是一项科学工程、系统工程和实践工程，蕴含着丰富的思想理论和方法论智慧。它既是基本的工作方法和手段，更是一门科学性和实践性都很强的学科体系，是我们以马克思主义的理论与方法为指导去发现问题、认识问题、分析问题和解决问题的专门学问。调查研究方法就其内容和方法来看，涉及的学科领域十分广泛，包括哲学、政治学、经济学、社会学、统计学、数学、计算机科学、心理学等。因此，从某种意义上来说，调查研究方法是一门极为丰富的交叉性学科。

二、调查研究方法的重要作用

（一）调查研究方法是认识世界、改造世界的重要方法

调查研究方法是认识世界、改造世界的重要方法，是发现问题、认识问题和解决问题的重要手段。在我国历史上，古人很早就开始重视并自觉运用调查研究方法。例如，孔子的"每事问"；《吕氏春秋》中关于不能人云亦云、黑白不分的"察传"思想；王安石"农夫女工无所不问"的观点；王夫之"察之精而尽其变"的论述等。此外还有"兼听则明，偏听则暗""知己知彼，百战不殆""集众思，广众益""遇事虚怀观一是，与人和气察群言"等大量关于调查研究的名言警句。伟大的民主革命先行者孙中山认为，只有调查研究才能"顺应世界之潮流，合乎人群之需要"。恩格斯在《英国工人阶级状况》中说："调查了解工人阶级的境况是为了给社会主义理论，同时给那些认为社会

主义理论有权存在的见解提供坚实的基础，为了肃清赞成或反对社会主义理论的一切空想和臆造。"辩证唯物主义认识论高度重视调查研究，认为实践是调查研究的一种方式，也是获得科学认识的必要途径。古今中外的这些论述，都从不同侧面强调了调查研究的必要性和重要性。"千淘万漉虽辛苦，吹尽狂沙始到金。"调查研究方法是认识世界、改造世界的一把"金钥匙"。调研者只有掌握正确的调查研究方法，才能从纷繁复杂且千变万化的事物中，透过现象认清本质，摸清事物的客观规律，找到解决问题的窍门，从而更好地认识世界、改造世界。

（二）调查研究方法是帮助科学决策的重要方法

"纸上得来终觉浅，绝知此事要躬行"。调查研究是通往真理、真知、真见的必由之路。科学决策离不开调查研究，调查研究是科学决策的基础。列宁指出："马克思主义的政策是以现实的东西而不是以可能的东西为依据。"重视和坚持调查研究，是辩证唯物主义和历史唯物主义认识论的根本所在，也是保证科学决策与实现正确领导的基本前提。调查研究是正确认识国情世情，制定科学的路线、方针、政策的根本依据。现实中，有些部门和地方制定政策措施时，调研肤浅化、表面化，不够深入具体，这样制定的举措是建立在沙丘上的，是没有根基的。政策出台的目的是解决问题，只有始终坚持"调研开局、调研开路、调研先行"，才能通过调查研究不断发现真问题、解决新问题，从而做出科学的决策。

（三）调查研究方法是中国共产党的重要工作方法

调查研究方法是马克思、恩格斯、列宁等马克思主义经典作家认识世界、改造世界的重要方法，是中国共产党人的基本思想方法和工作方法，是中国共产党的优良传统和重要工作制度，也是各级领导干部做好领导工作的一项基本功。坚持科学调研方法，是贯彻党的"解放思想、实事求是"的思想路线和"从群众中来、到群众中去"的群众路线的必然要求。我们党历来十分重视调查研究工作。毛泽东同志在《反对本本主义》中提出"没有调查，就没有发言权"。回顾我们党的历史就会发现，什么时候重视调查研究，坚持理论和实际的统一，党的事业就会顺利发展；什么时候忽视调查研究，就会导致主观和客观相脱离，造成工作失误，给党的事业带来损失。好的调研都是脚底板下走出来的、嘴皮子磨出来的、笔头练出来的，是从人民群众中汲取智慧和力量的。调查研究是中国共产党的传家宝，是我们党从胜利走向新的胜利的"制胜法宝"。

三、深化调研方法研究的重要意义

（一）深化调研方法研究是提升调研能力的重要途径

调查研究是一项实践性、科学性很强的工作，需要调研者具有正确的世界观、人生观、价值观，需要一定的专业素养以及掌握科学调研方式的基本能力。在调查研究过程中，要求调研者综合运用归纳与演绎、分类与分析、具体与抽象等多种思维方式，采用比较、分类、统计、想象等手段，对调研内容去伪存真、去粗取精，再由表及里、由此及彼地进行深入思考，从而找到解决问题的科学方法。

"实干兴邦"是中国共产党的优良传统。2012 年 12 月 4 日，中共中央政治局召开会议，审议通过了《十八届中央政治局关于改进作风、密切联系群众的八项规定》，其中第一项规定就要求领导干部必须搞好调查研究。当前，我们正面临纷繁复杂的国际国内环境。无论是一个政党、一个国家，还是一个单位或企业，想在惊涛骇浪中立于不败之地，就要深入细致地做好调查研究，全面掌握客观实际情况。

调查研究是培养人才的一条重要途径。不但党政机关、事业单位如此，很多企业也很重视调查研究，"从调研看能力"。比如，麦当劳非常注重通过调研提升人才队伍建设水平。为了促使经理们经常下去调研检查，不断提升企业的竞争力，麦当劳曾下令锯掉所有经理办公室座椅的靠背。

在调查研究过程中，调研者需要经过思考、分析、综合，把大量和零碎的材料加以系统化和条理化，从而找出事物的内在规律，抓住事物的本质，将对世界的认识由感性认识上升为理性认识。在此基础上，人们才能做出正确的决策，并潜移默化地提升个人的调研能力和综合能力。因此，深化调研方法研究的过程，也是不断提升个人认识能力、判断能力和实践能力的过程，是不断提升个人分析和解决问题的本领的过程，是不断完善个人知识结构和整体素养的过程。

（二）深化调研方法研究是确保调研实效的重要前提

调查研究不能仅仅是"调查"，更关键的是"研究"。对调查所发现的问题要有深层次的认识和思考，只停留在表面的问题处理方式治标不治本。要全面系统地梳理调查结果，深入摸清问题，透过现象看本质，找准源头才能对症下药，深挖根系才能斩草除根。比如，在调查研究中是采取普查还是抽查的方式？是定量分析还是定性分析？是当面访谈还是书面问卷？采取不同的调查研究方法，会对调研结果产生至关重要的影响。在现实中，虽然多数人都明白调查研究的重要性，但在实际工作中，一些调查研究的实际效果与预期效果存在差距，没能取得相应的成效。"情况不明决心大，心中无数点子多"的现象也多多少少存在。调研者要在田间地头真正找到解决问题的办法，不仅要想调研、愿调研，更要能调研、会调研、善调研。调研者要多走"不寻常路线"，多研究"管用、好用"的调研方法，多到困难多、群众意见集中、工作打不开局面的地方去，不走提前预设的路线。时代和形势的变化要求我们不断深化和创新调研方法的研究，不断提升调查研究能力，助推调研"见真招、出实招"。

何叔衡是中国共产党的创始人之一，他非常注重调查研究。他身上随时背着三件宝：布袋子、手电筒和记事簿。布袋子是他自己设计、请人特制的，布袋子中分成几个小袋子，叫作"袋中袋"，每个小袋子都有它特定的用场，如装一些调研资料和学习素材。他的记事簿上几乎无所不记，他说人老了，脑子不管用，记在本子上忘不了。每次外出考察或查案，这三件宝就伴随他起早摸黑、走村串户；一路下来，回到瑞金时，他的布袋子必定装得满满的，里面要么是各种证据，要么是关于检察、司法、内务、干部教育等各项工作的调查材料。这些"袋中袋"是何叔衡通过调查研究摸清基层情况的"诀窍"，也是中国共产党人注重调查研究、务求调研实效的生动写照。

自 2023 年 5 月起，中宣部组织《人民日报》《光明日报》等多家中央主要媒体和有关地方媒体开展"高质量发展调研行"主题采访活动。活动分为 5 个批次展开，原则上每月一个批次。这是新闻媒体行业践行大兴调查研究之风的务实之举。有学者指出，新闻媒体本就处于调查研究的一线，调查研究是媒体的核心业务之一。但是，新媒体的出现导致相当多的记者在调查研究的深入程度方面不及过去、深度调研能力不断退化、调研实效大打折扣。近些年，大部分媒体习惯于通过网络爆料或电话采访的方式获得信息，而不是深入新闻现场做报道，甚至一些媒体存在不调查、不研究、调查不深入就写稿子的情况。之所以出现这种情况，一方面是因为不断迭代的技术改变了内容的生产机制和传播方式，打破了传统的话语秩序和舆论场结构，另一方面则是因为网络文化呈现出的信息碎片化、内容快餐化、事实标题化、事件标签化、议题事件化等特征，导致新闻舆情"塔西佗陷阱"现象越来越突出，"超越事实抵达真相"的报道、专业精准的信息大量减少。通过开展"高质量发展调研行"活动，将有助于媒体记者深入实际、深入基层、深入群众，挖掘各地区各领域因地制宜、因事制宜，着力推动经济发展质量变革、效率变革、动力变革的经验做法和突出亮点；抓住典型个案和一般规律的内在联系，充分展现各地区各部门推动高质量发展的思路、举措、生动实践、探索经验，从而更好地凝聚共识力量，促进各项工作迈入高质量发展的轨道。

（三）深化调研方法研究是辅助科学决策的重要基础

调查研究是科学认识的前提和科学决策的基础。调研越深越实，决策就越科学。在调查研究的基础上做出决策，在决策过程中改进调查研究，这是中国共产党在执政过程中积累下来的宝贵经验，坚持调研是决策之本，是中国共产党治国理政的鲜明特点。中国共产党人高度重视调研工作，积累了"坚持实事求是""一切从实际出发""从群众中来到群众中去"等宝贵经验。大革命失败以后，以毛泽东为代表的中国共产党人坚持独立自主，在深入调查研究、了解国情的基础上，从实际出发，实事求是地制定革命的正确方略，最终找到了通往胜利的革命道路。中华人民共和国成立后，党和国家机关开展调查研究的条件有了根本性改善，全党大兴调查研究之风，党政领导干部亲力亲为、率先垂范，推动调查研究工作越来越制度化、规范化、民主化。进入新世纪后，党和国家各级机关进一步加强决策的民主性、协商性和科学化，更加注重调查研究，并对调查研究不断提出新要求。

深化调研方法研究，就是将调查研究贯穿决策和执行的全过程，坚持调研在先、决策在后，在作出重大决策、推进重要工作、破解重点问题前，组织实施深入的、科学的调查研究，最大限度地提升决策的科学化、民主化水平，确保决策经得起历史和人民的检验。反观现实中，有一些干部不注重调查研究，习惯于坐在办公室里"坐而论道"，作出的决策往往"离天近、离地远"，这种干部被群众形象地称为"四拍干部"：接任务拍胸脯，作决策拍脑袋，干砸了拍屁股，做总结拍肩膀。这样是万万要不得的。当前社会结构深刻变动，利益格局深度调整，思想观念深刻变化，发展中不平衡、不协调、不可持续的问题更加突出，前进道路上的困难和风险增多。各级领导干部和决策者只有开展深入扎实的调查研究，准确把握新形势、新情况、新变化，不断提高科学民主决策的能力和水平，才能有效应对各种风险和挑战，作出经得起历史和人民检验的政策决策。

四、调查研究中的伦理与道德

调查研究是一项具有科学性的研究活动，是社会活动的重要构成部分之一，因此它应遵循社会活动的基本道德规范要求。特别是在以"人"为对象的调查研究中，涉及调研对象数据信息的收集、保存、整理、使用等多个环节，必须遵循一定的伦理道德原则。这主要体现在以下四个方面。

（1）告知同意。调研者在调研中收集和使用调研对象的资料信息，尤其是个人和涉密单位的资料信息时，必须征得调研对象的同意。特别是对于访谈资料、隐私资料等敏感素材，调研者在获取以及使用这些材料时应获得调研对象的授权和许可，确保调研对象享有并履行知情权和同意权。近年来，随着互联网技术的发展，在线调研、移动跟踪等成了收集调研资料的重要方式，在这种情况下如何保护调研对象的个人隐私和信息也成为备受关注的话题。这也警醒调研者应当始终秉持基本的伦理道德规范，对调研的伦理道德始终保持敏感性和敬畏感。在调查研究中，必须在调研对象知情和同意的前提下，合法合理地使用调研资料和调研对象的信息。

（2）尊重、保护调研对象。在调查研究中，调研者应树立"主体建构"视角，同时注意平等对待调研对象，充分尊重调研对象参与调研的意愿，不得强迫他人参与调研。调研者要注意保密原则，尊重调研对象的隐私权，根据调研需要和调研对象的要求，对调查资料进行匿名与保密处理。匿名意味着对资料进行加工处理之后，研究者和读者都不可能将调研者所收集的资料与调研对象对应起来。调研者在调查过程中，做到完全的匿名有时是不可能的，但是在资料分析阶段要尽量做到匿名。保密是指调研者不得随意公开调研对象的身份以及在调研中透露的信息、回答的问题，要通过匿名和保密的技术处理，最大限度地保护调研对象的隐私。

（3）保障调研资料的真实完整。在收集调研资料时，调研者必须保证数据的真实性、准确性和完整性。调查数据不能虚构、造假，调研者不能为某种目的或获取利益而对原始数据进行人为的加工和篡改。数据记录应当与数据获得同步，不管是采用录音、录像还是问卷填答等资料收集方法，数据记录都必须及时、精准。调查数据的保存必须完整，对于涉及机密的数据要根据保密规定，慎重保存，不能泄密；不能未经同意将数据用于约定用途之外的其他用途，或者把数据转交、透露给其他机构或个人。总之，调研资料的真实性和完整性是调查研究的基础。调研者只有保证调研资料的真实完整，才能从调研资料中提取有效的调研结果。

（4）坚决杜绝学术不端行动。学术不端行为主要是指科学研究活动中的各类造假、抄袭、剽窃等违背科学研究者共识的行为，如捏造数据或结果、抄袭他人作品、侵害他人的著作权、故意省略参考文献的标注、发表他人未公开的作品、将他人的研究计划据为己有或者透露给第三者等。调查研究中的学术不端行为，主要是指在调研过程中尤其是调研成果输出阶段，没有遵循基本的学术规范和道德规范。例如，在调研成果中使用他人未正式发表的数据。在发表论文或以其他形式展示调研成果时，如果引用相关文献或他人的资料、论点，调研者必须如实标注出处。

第二章
调查研究方法的特征及原则

"事必有法，然后可成"。做好调查研究工作离不开正确的方法。虽然调查研究的方法多种多样、千变万化，但无论调查研究的"方法论"如何改变，科学的调查研究方法始终都遵循着一定的内在逻辑和根本原则。

一、调查研究方法的特征

在调查研究方法领域，虽说是"龙生九子，子子不同"，但科学的调查研究方法在"个性"之外，往往具备一定的共性特征。

（一）客观性

调查研究必须坚持实事求是，真实客观地反映实际情况，这是调查研究必须遵循的基本原则。用唯物史观指导社会调查实践，是马克思主义社会调查方法区别于其他研究方法的根本特征。19 世纪 30 年代，孔德创立"实证主义社会学"，马克思和恩格斯则坚定地批判其研究倾向，他们认为，立场问题在社会科学研究中至关重要，资产阶级学者忽视研究主体客观的阶级属性，实际上是企图用改良主义观点淡化社会矛盾、为资本主义制度辩护。马克思主义社会调查方法坚持无产阶级立场，强调从历史唯物主义视角出发分析社会矛盾，并提出相应的解决方案。在《英国工人阶级状况》中，恩格斯深耕阶级分析法，在剖析英国社会尖锐的阶级冲突后，一针见血地指出，"工人阶级的状况是当代一切社会运动的真正基础和出发点"。马克思主义社会调查方法的科学性、权威性，正是来自其调研方法的客观性。

调查研究无论采用何种方法，调研中资料的收集、分析以及结论的得出都应排除调研者的主观因素的干扰。调研者应当做到从事实出发，坚持唯物主义实事求是的态度，而不能从虚构的事实、抽象的定义、主观的愿望出发；在调查研究中，调研者应保持"价值中立"，客观地观察、客观地研究，从每一个个体的具体情况出发。在调查研究的全过程中，调研者从确定调研选题、组织调研实施直到对调研材料进行分析研究，最后形成调研报告，都必须坚持客观性原则，唯实求真，来不得半点虚假，要做到不"唯上"、不"唯书"、不"唯众"、不"唯己"，只"唯实"〔于志坚，刘崇顺. 新时代领导干部调查研究指南［M］. 天津：天津人民出版社，2019〕。

（二）科学性

调查研究必须采用科学的方法才能达到预期的调研效果、获取准确的调研结果，尽可能避免由调研方法本身的缺陷所造成的误差。对所有调查研究方法来说，科学性都是必须的，而这一点在定量研究中体现得尤为突出。为了提升调研结果的准确性，定量研究调研方法广泛采用数学工具和数学方法，对调研对象进行定量分析，如抽样调查、统计调查等。

马克思认为，一种科学只有在成功地运用数学时，才算达到了真正完善的地步。19 世纪中叶，法国社会革新家黎伯莱（1806—1882）在调查研究中总结了一套新的社会调研方法，并以此考察工人的生活及家庭情况。在新方法中，他运用了数学方法和其他有关的自然科学方法，对搜集的材料进行分类、整理。从 1835 年起，他经过 20 年的实地调研，完成了六卷本巨著《欧洲劳工》。从 19 世纪 80 年代开始，英国社会学家和统计学家布思对英国伦敦劳工贫困问题进行了大规模的统计调查。他采用数学统计方法，通过分区按户调查等调研方式搜集材料，最后写出了 17 卷之多的《伦敦居民的生活和劳动》一书，并于 1889 —1891 年陆续出版。他的研究成果被认为是社会学史上的社区生活研究的典型，并推动了英国社会调研的发展。

毛泽东同志《在党委会的工作方法》中指出："对情况和问题一定要注意到它们的数量方面，要有基本的数量的分析。任何质量都表现为一定的数量，没有数量也就没有质量。我们有许多同志至今不懂得注意事物的数量方面，不懂得注意基本的统计、主要的百分比，不懂得注意决定事物质量的数量界限，一切都是胸中无'数'，结果就不能不犯错误。"随着科技的进步，新的数学工具和统计方法为科学调研提供了更为便捷的条件，调研者应当熟练掌握这些科学的调研方法并自觉应用。

（三）系统性

"不谋全局者不足以谋一域，不谋万世者不足以谋一时。"在人类活动的各个领域，与之发生关系的客体、事物并不是孤立存在的，而是以系统形态出现的相互联系的整体。无论采用何种方法，调查研究都要秉持系统思维和整体思维。

中国传统文化中有许多俗语，如"三个臭皮匠，赛过诸葛亮""一个和尚挑水喝，两个和尚抬水喝，三个和尚没水喝"等，它们表达的都是提醒人们重视整体性思维。黑格尔说："割下来的手就失去了它的独立存在，就不像原来长在身体上时那样，它的灵活性、运动、形状、颜色等都改变了，而且它就腐烂起来了，丧失它的整个存在了。只有作为有机体的一部分，手才获得它的地位。"在欧洲最早应用系统方法对社会问题开展调研的是英国的监狱改良专家霍华德，因为职业关系，他有机会长期实地观察监狱生活，并与犯人直接对话。他对监狱中的恶劣环境和囚犯患病原因、人数等进行统计和记录，并向英国下议院提交了改良监狱的方案。1774年，英国议会据此通过了新的法令。1775年，霍华德又基于系统论思想对欧洲一些国家的监狱情况做了比较研究，于1777年出版了《英格兰与威尔士的监狱状况及外国监狱的观察报告》。

调查研究是一项系统工程，调研者要考虑整体与局部、共性与个性、一般与特殊、宏观与微观等多方面的关系，用系统论思想对调研对象进行系统分析。这种综合性、整体性原则，从思维方法的角度看，就是一种"多维度"或"多向度"的思维方法，它与"单维度""单向度"的思维方法是对立的。后者固守一隅，只从一个方面、一个角度、一种因素、一种模式上观察问题，这就难以避免认识上的表面性和片面性。调研者只有坚持系统论思想，调研才能是全面的而非单一的，多维的而非片面的。

（四）动态性

任何客观事物都处于运动、变化和发展之中，客观事物的这种动态性要求我们用动态的而不是凝固、静止的眼光去观察和认识它们。所谓调查研究中的动态性原则，就是要求调研者应该用发展的眼光、历史的眼光去观察和了解调研对象。调查研究方法中既有动态分析也有静态分析。比如，通常所说的纵向分析，就是从历史发展的角度对社会现象的变化过程进行动态分析；通常所说的横向分析，就是对同一时间内各个方面的现象进行共时性的比较分析，这实际上就是一种静态分析。在统计指标中有一类指标叫作"时点指标"，如性别、年龄构成等，根据这类指标统计的资料反映的是某一特定时点的情况，具有静态的性质。动态性调查、动态性资料和动态性分析与静态性调查、静态性资料及静态性分析的界限是相对的，两者之间相互依存并互相转化。如果连续不断地进行静态性调查，那么这就形成了动态性追踪调查；把静态性资料连贯起来并将其联系在一起进行分析，静态资料也就具有了动态的性质；把不同时间的静态资料联系在一起进行分析，静态分析也就变成了动态分析。反之，一个时期内的动态资料，相对于更大的时间跨度，又具有了静态的性质。优秀的调研应该把动态调查与静态调查、纵向分析与横向分析很好地结合起来，从而在动态变化中掌握事物科学的变化规律。

调查研究要与时俱进，就必须坚持调查研究方法方面的守正创新。调研者既需要牢牢掌握调查研究的传统方法，运用好已有的指导思想、工作方法，又需要根据形势的变化、实践的发展，与时俱进地推出新的理念举措，促进调查研究工作体系科学化、工作目标精准化。调研者要扎实做好调查研究的"后半篇文章"，用发展的思维、动态的思维推进调研走深走实，抓住迫切需要解决的、制约发展的、群众反映强烈的、事关群众切身利益的重点、难点、堵点问题，在调查的基础上深化研究，提高调研成果的质量，切实把调研成果转化为解决问题、改进工作的实际举措。调研者要疏通调研成果的转化的渠道，努力把问题清单变成任务清单、责任清单，最终转化为成果清单。调研者要坚持跟踪与问效相结合，运用多种方式，加强动态评估问效，建立健全沟通协调、跟踪监管、结果反馈、综合考评等机制，强化调研成果转化过程管理，适时组织开展"回头看"活动，确保调查研究取得实效。

二、调查研究蕴含的思想理论原则

正确的认识论是正确的方法论的基础。要做好调查研究工作，就必须厘清调查研究所蕴含的思想理论原则。我们要深刻认识到，调查研究不仅是一种工作方法，也是一种思想方法。无论方式方法如何改变，都始终要遵循马克思唯物史观的基本原则。

（一）坚持实事求是

"修学好古，实事求是"出自《汉书·河间献王刘德传》，意思是说研究学问要掌握充分的事实根据，然后再从事实中找出真实的结论。"实事求是是马克思主义的根本观点，是中国共产党人认识世界、改造世界的根本要求，是我们党的基本思想方法、工作方法、领导方法，也是开展调查研究必须遵循的最重要的思想理论原则。"

调查研究一般可分为三个阶段，即准备阶段、实施阶段和完成阶段。尽管不同阶段有不同的具体任务和要求，但都有一条思想理论原则贯穿调查研究的全过程，那就是实事求是，不唯书、不唯上、只唯实，即情况要摸实、问题要查实、原因要挖实、对策要夯实。正如清初思想家唐甄所说："以实则治，以文则不治。"

共产党人是"靠实事求是吃饭"的。毛泽东同志在《改造我们的学习》中指出："'实事'就是客观存在着的一切事物，'是'就是客观事物的内部联系，即规律性，'求'就是我们去研究。"延安时期，陈云同志在与毛泽东同志反复探讨怎样才能少犯错误这个问题之后，提炼出了"不唯上、不唯书、只唯实，交换、比较、反复"的调查研究理念，其中所蕴含的正是实事求是的思想。

坚持实事求是，基础在"实事"，关键在"求是"。调查研究，重在对客观实际情况的调查了解和分析研究。调研者只有掌握客观、准确、全面、生动的一手材料，才能把事情的真相和全貌调查清楚，为科学决策提供依据。无论时代如何发展、形势如何变化，调查研究都是破解发展难题的"传家宝"，实事求是则是打开调查研究真理大门的"金钥匙"。调研者只有坚持一切从实际出发、实事求是，才能在调查研究中发现问题的根源所在、找到解决问题之法，为科学决策提供可靠的依据。

（二）坚持问题导向

问题是事物矛盾的表现形式。马克思指出："问题就是公开的、无畏的、左右一切个人的时代声音。问题就是时代的口号，是它表现自己精神状态的最实际的呼声。"调查研究是带着问题找答案、带着方案找问题的过程。归根结底，调查研究只是一种工作方法和手段，而发现问题并解决问题才是最终目的。问题是时代的声音。调查研究要坚持问题意识、树立问题导向，调研者要善于从问题中找到认识矛盾和化解矛盾的突破口。问题所在往往是矛盾所在，矛盾才是硬骨头。因此在调研中，调研者要聚焦突出的矛盾和重点问题，坚持"四个一切可以"调研法，即"利用一切可以利用的时间、采用一切可以采用的手段、寻遍一切可以找到的地方、访谈一切可以访谈的对象"，通过一切可以利用的手段和方式，通过调查研究不断提出真正解决问题的新理念、新思路、新办法、新举措。

常言道，"看不到问题就是最可怕的问题，找不到差距就是最大的差距"。在中共中央办公厅印发的《关于在全党大兴调查研究的工作方案》中，"问题"一词出现了 48 次之多，可见"问题导向"在其中体现之透彻。带着问题搞调研才能有的放矢，在调研中发现问题、解决问题是调研的应有之义。中纪委研究室原主任李雪勤在《怎样起草文稿》一书的附录中，刊载了时任国务院研究室社会司司长乔尚奎的《提升以文辅政服务决策的能力和水平》一文。文中提及了他带着问题搞调研的经历。当时大部分电视台的时政新闻没有手语服务，这对很多听障人士观看时政新闻造成了很大困扰。据此他撰写了《关于重要时政新闻电视直播为听障残疾人提供手语服务的建议》。这篇调研报告得到了中央领导同志的重要批示，并带动了党和国家重要会议及活动电视直播中手语同步直播的举措落地，让广大听障人士同其他公民一样同步"听"到了党中央的声音，真正让调研不仅是案头功夫，更成为解决实际问题的良药。

（三）坚持守正创新

中国自古注重调查研究，中国共产党也高度重视调查研究，并在长期实践中形成了卓越的优良传统，积累了大量的经验做法。走进新时代，调查研究既要坚持优良传统，也要注重内容和手段创新，在守正创新中做好新时代调查研究工作。在调研内容方面，中共中央办公厅《关于在全党大兴调查研究的工作方案》指出，"各级党委（党组）要立足职能职责，围绕做好事关全局的战略性调研、破解复杂难题的对策性调研、新时代新情况的前瞻式调研、重大工作项目的跟踪性调研、典型案例的解剖式调研、推动落实的督查式调研，突出重点、直击要害，结合实际确定调研内容。"这里明确提出了调查研究的六个方面的内容，这也是今后一个时期调查研究的重点领域，我们要注重科学运用党的创新理论，重点围绕这些领域开展调查研究。

现代科技日新月异，网络世界鱼龙混杂，我们既要发扬传统调查研究方法的长处和优势，也要注重与时俱进和运用先进技术，及时吸收先进的调研方法和手段，把传统的调研方法、手段与现代先进的调研方法和手段结合起来，达到"1+1>2"的效果。"知屋漏者在宇下，知政失者在草野。"调研者要善于根据时势变化不断创新调研方法，善于倾听"无声的呐喊"、善于捕捉"沉默的声音"，科学运用互联网、大数据等现代调研技术，拓展调研渠道，丰富调研形式，创新调研方式，从而提高调研的实效性和科学性。

例如，在我国"十四五"规划编制阶段，有关部门除了采取召开专家座谈会、实地调研等形式广泛开展调查研究外，还通过互联网就"十四五"规划编制向全社会征求意见和建议，分别在《人民日报》、新华社、中央广播电视总台所属官网、新闻客户端以及"学习强国"学习平台开设"十四五"规划建言专栏，听取全社会的意见建议。活动组织有序，社会反响热烈，累计收到网民建言超过101.8万条，为做好"十四五"规划编制工作提供了有益的参考。这在我国五年规划编制史上是第一次，获得了良好的社会反响，也是科学调研、科学决策的有益尝试。

同时应注意的是，守正创新并非一味地用新的调研方式取代传统的调研方式。一些在长期实践中早被验证的调研方法和调研经验应当予以发扬。当前，随着数字技术、人工智能等现代科技愈发融入人们的工作与生活，人们获取信息的渠道不再局限于传统的实地调研，一些调研者存在着过度依赖新兴信息通信技术、以网络方式完全替代传统实地调研的情况，这样往往会受制于网络信息的迷惑性与失真性，产生"信息茧房"和"回音室"效应，从而导致调研结果失真。这需要引起调研者的高度重视。

（四）坚持群众路线

"开展调查研究就是走群众路线。"为什么人、靠什么人的问题，是检验一个政党、一个政权性质的试金石。干部要坚持立党为公、执政为民，虚心向群众学习，真心对群众负责，热心为群众服务，诚心接受群众监督。干部要拜人民为师、向人民学习，放下架子、扑下身子，接地气、通下情，深入开展调查研究，解剖麻雀，发现典型，真正使群众面临的问题显现出来，把群众的意见反映上来，把群众创造的经验总结出来。干部要怀着强烈的爱民、忧民、为民、惠民之心，心里要始终装着父老乡亲；想问题、作决策、办事情都要想一想是不是站在人民的立场上，是不是有助于解决群众的难题，是不是有利于增进人民的福祉，不断增强人民群众的获得感、幸福感、安全感。

人民是历史的创造者。在调查研究中，我们要把解决好人民群众最关心、与他们的利益最直接、最现实相关的问题作为调研的主攻方向，到田间地头去听"百姓话"，到市井巷陌去看"烟火气"，与群众拉家常、掏心窝、交朋友，让群众敞开心扉谈冷暖、提需求。人民群众是改革的实践主体、价值主体、评价主体，只有依靠人民群众才能破解我国面临的发展难题，只有"身入"基层、"心向"群众才能使调研的成果惠及人民群众。

有报刊撰文指出，在现实中，一些人闭门造车，满足于"打打电话、发发微信"，有的人大搞盆景式调研、蜻蜓点水式调研，甚至有的人搞"出发一车子、开会一屋子、发言念稿子"的作秀式调研……必须力戒形式主义，扑下身子、迈开步子，到建设现场去，到田间地头去，到农家院坝去，捕捉"活鱼"，打捞"沉没的声音"，看清"模糊的背影"，把情况摸实摸透，用调查研究"十月怀胎"，换来科学决策"一朝分娩"。

（五）坚持知行合一

古人云："文可载道，以用为贵。"人的认识是一个"实践—认识—再实践—再认识"的辩证发展过程。"君诗妙处吾能识，只在山城水驿中。"调查研究要坚持"研以致用"，从实践中来，到实践中去，并最终从实践中提炼调研成果。调研者要想让调查研究多些"价值增量"，就要始终坚持知行合一，通过调查研究形成务实管用的调研成果并辅助科学决策。调研成果是调查研究智慧的结晶，对于沟通情况、交流信息、协调上下左右各方关系、调动群众情绪、鼓舞群众士气具有重要作用。有些令人振奋的信息，对人们具有激励的作用；有些调研成果反映了严重问题，对人们具有警醒作用；有些调研成果还能够为决策者提供有用的决策建议，直接或间接用于实践。调研成果是形成系统的理论观点、学术成果和科学决策的最可宝贵的资料。一切理论观点、学术成果和科学决策，均应来自调研实践。例如，恩格斯的调查研究名著《英国工人阶级状况》就是他深入实践的智慧结晶。为完成这部调研力作，他花费 21 个月的时间深入工厂、矿山对工人、教师、医生等群体进行调研访谈，深入了解工人的生活与工作情况，从而在实践中提练完成了这部全面反映英国工人阶级状况的科学著作。

1927 年，面对党内党外对农民革命斗争的质疑，毛泽东同志在湖南乡下调查了 30 多天，写出了《湖南农民运动考察报告》，他在报告中提出了解决农民问题的理论和政策。

知者行之始，行者知之成。调查研究要从案头到地头再到案头，将实践中的问题和经验，转化为调研成果，成为科学决策的参考。实践与认识的辩证运动，是一个由感性认识到理性认识，又由理性认识回到实践的飞跃，是实践、认识、再实践、再认识……循环往复以致无穷的辩证发展过程。我们必须不断检视思考，始终坚持以正确的态度、立场和方法开展调查研究，才能进一步把调研工作做深做实、做精做准，使大兴调查研究的过程成为打开发展新局面、取得工作新成效的过程，在不断解决问题中把各项事业向前推进。

第三章
调查研究方法详析

调查研究方法是以辩证唯物主义认识论为理论支撑，吸收和借鉴社会科学调查研究系统的理论和方法而形成的"方法论矩阵"。本章选取了一些较为常见的调查研究方法及其范式，进行重点介绍。

一、常见的调查研究方法

"操千曲而后晓声，观千剑而后识器。"要做好调查研究，就要对各类调查研究方法的概念内涵、特征特性、适用对象、操作方法等有全面的了解，这样才能熟练、准确、恰当地使用调查研究方法，达到事半功倍的效果。

（一）问卷调查法

问卷是指为统计和调查所用的、以设问的方式表述问题的表格。问卷调查法是指研究者运用事先统一设计好的表格作为中介，收集信息材料的一种书面调查方式。问卷调查法从西方传入我国，广泛应用于民意调查活动。问卷调查适用于大空间、大范围调查研究，可以同时面对不同类型的调研客体。

问卷调查法根据问卷发放方式的不同，可分为自填问卷、邮寄问卷、集体分发问卷、个别分送问卷、代填问卷、访问问卷等。调查问卷的类型主要有开放式问卷、封闭式问卷和混合式问卷三种结构。问卷文本内容一般都包括以下几个部分：标题、封面信、指导语、问题、答案选项和编码。

问卷调查法的特点是简单易行，省时、省力、省钱，不受空间和地域的限制，很少受人为因素的干扰，调研客体可以匿名填答，具有隐蔽性。同时，它还具有通俗性、简明性、有针对性和准确性的特点。

问卷调查法的主要优点在于标准化和成本低。因为问卷调查法是以设计好的问卷工具进行调查，所以其最大的优势就是规范化并可计量。问卷调查可以由很少的调查员在很短的时间内调查很多人，尤其是邮寄方式，不受地理条件的限制，可到达的范围非常广。调研对象填答问卷的时间比较灵活，可以根据自己的情况，在方便的时候填写。与访问调查相比，不记名问卷调查有利于调研对象回答有关个人隐私或其他敏感性问题；有利于避免由于调研者本人提问的方式、交谈的情况等人为原因所造成的各种偏差，能更真实地反映出不同回答者的不同情况，调查结果便于定量处理和分析。

问卷调查法的缺点在于：要求调研对象有一定的文化水平，能看懂问卷的要求并准确作答。如果调研对象不能准确理解问题的含义，那么问卷的回答率往往难以保证。如果问卷是以邮寄或集体分发形式发出的，问卷的回收率往往难以保证。

（二）文献调查法

文献调查法，也叫历史文献法，就是通过搜集各种文献资料，摘取与调查课题有关的情报信息的调研方法。任何文献都是特定社会现象的记载。通过历史文献了解社会，是获取调研信息的一种重要方式。文献包括一切原始资料，有古籍、档案、报刊、年鉴、案卷、辞典、笔记、日记、信函、统计资料、图形、图片、照片等，以及一切手迹和印刷品，也包括录音、录像、光盘等。一般来说，文献调查法多适用于理论研究、决策咨询以及考古等领域。例如，马克思为了创作《资本论》中关于英国劳工法的有关内容，几乎翻遍了整个图书馆中载有英国与英格兰调查委员会、工程视察员报告的蓝皮书，这就是一种典型的文献调查方法。

文献调查法并不是单纯地坐在办公室、图书馆里查阅资料、翻看论文。因为，一方面任何文献都会有一定的历史局限性，对文献必须去伪存真、分析甄别；另一方面，文献并不见得都是束之高阁的"故纸堆"或是集中在一处的论文库，有一些文献遗留物可能散落在荒山野岭，需要实地查证；一些历史见证人作为"活体文献"，需要调研者实地走访。

文献调查法是一种间接的非介入性调查，是在前人和他人工作成果的基础上进行的，是一种获取知识和信息的"捷径"。它的优点是超越了时间和空间的限制，不需要大量的研究人员和专用设备，用比其他调研方法更少的人力、资金和时间获得更多的信息，方便、安全、自由、效率高。文献调查法的缺点是受限于文献自身的缺陷，如许多文献的作者带有一定的思想倾向，内容和观点具有主观性；后人阅读到的被保留下来的文献往往是经过前人精选或筛选过的，能够提取到的信息有可能不够完整、全面。

（三）实地观察法

实地观察法，是观察者有目的、有计划地运用自己的感觉器官或借助科学观察工具，能动地了解处于自然状态下的社会现象的方法。

实地观察法的种类，可根据观察者、观察要求和观察对象的不同分为三大类。一是根据观察者的角色，实地观察可分为参与观察和非参与观察。参与观察也称局内观察，就是观察者参与到被观察的人群之中，并通过与被观察者的共同活动从内部进行观察。非参与观察也称局外观察，就是观察者不加入被观察的群体，完全以局外人或旁观者的身份进行观察。二是根据观察的内容和要求，实地观察可分为有结构观察和无结构观察。有结构观察也称有控制观察或系统观察，它要求观察者事先设计好观察项目和要求，统一制定观察表格或卡片；在实地观察过程中，它要严格按照设计要求进行观察，并做详细的观察记录。无结构观察也称无控制观察或简单观察，观察者只需有一个总的观察目的和要求，大致的观察内容和范围，然后到现场根据具体情况有选择地进行观察。三是根据观察对象的状况，实地观察可分为直接观察和间接观察。直接观察，就是对当前正在发生的社会现象进行的观察。间接观察，就是通过对物化了的社会现象所进行的对过去社会情况的观察。

实地观察法简便易行，适应性强，灵活性高，可随时随地进行，观察人员可多可少，观察时间可长可短，只要到达现场就能获得一定的感性认识，是使用得最为广泛的调查方法之一。实地观察法的优点是具有直观性和真实性；缺点是具有主观性和偶然性。实地观察法受时间、空间以及观察对象等客观条件的限制，不可避免地会产生一定的观察误差，而且观察结果往往取决于观察者的主观状况。此外，实地观察需要花费较多的人力和时间，获得的资料往往不利于进行定量研究等，这些也是实地观察法难以克服的缺点。

（四）访谈调查法

访谈调查法是社会调研中最古老、最常用的方法之一。它是调研者通过与调研对象进行交谈，收集口头资料的一种调查方法。访谈通常是在面对面的场合下进行的，由调研者（也称为"访谈员"）接触调研对象，引导调研对象就所要调查的问题做出回答，并由访谈员将回答的内容及交谈时观察到的动作、行为及印象详细地记录下来。

访谈调查法主要有三个阶段。一是准备阶段。调研者首先要做好准备工作，包括制订访谈计划，编制访谈问卷或提纲，选择访谈对象，访谈前的预约等内容。二是访谈阶段。在这个阶段，调研者可以使用的访谈工具包括所有对访问的基本问题的文字说明，记录用的笔、纸、录音机、照相机和摄像机等。调研者在访谈中要尽快接近被访谈者，与被访谈者建立融洽的访谈气氛，按计划进行访谈，并认真做好访谈记录。三是结束阶段。首先调研者要掌握好访谈的时间，其次调研者要观察被访谈者的行为，最后在访谈调查结束时，调研者要向被访谈者表示感谢。访谈结束后，调研者还要对资料进行分析整理，得出研究结论，撰写研究报告。

访谈调查法主要分为三种方式：结构式访谈、无结构式访谈和半结构式访谈。它们各自的优缺点是：结构式访谈的优点是谈话易控制、简练、省时；缺点是受访者处于被动地位，不易深入。无结构式访谈的优点是气氛轻松，受访者容易说出真话；缺点是费时、费事、难以量化。一般来说，一个相对高质量的调研访谈，往往用半结构式访谈是比较合适的。半结构式访谈有比较确定的访谈主题和比较完整的访谈框架。调研者可以根据访谈的实际情况，灵活调整框架中的访谈内容。半结构式访谈有很强的延展性，比如我们本来是希望调研对象提供某一信息，但访谈过程中他对其他相关领域信息也很熟悉，在回答调研者问到问题时也提及了其他信息。那么，我们也可以借此机会收集其他有关信息。

（五）参与式调查法

参与式调查法是指调研者深入调研对象的生活背景中，不暴露调研者真正的身份，在实际参与调研对象日常社会生活的过程中进行隐蔽性的观察研究的调查方法。参与式调查法是社会调查研究的重要方法，最早起源于国外的"田野工作"，多在农业技术方面使用。后来，该方法逐渐被人类学、民族志、民俗学、社会学，以及旅游学、宗教学研究所采用。

在参与式调查中，调研者应秉持诚实、平等、客观的基本原则，同时要注意与调研对象保持友善关系，不能进行诱导式提问。调研者要善于倾听、观察和学习，善于"借力"、寻求调研对象的帮助和支持。比如，在纪录片《我为群众办实事之局处长走流程》中，某地人力资源与社会保障部门的一位干部亲自参与到外卖小哥工作中，以外卖小哥的身份进行了一天的体验调研，这就是一种参与式调查方式。在亲身参与调研后，该部门结合调研情况，牵头为户外劳动者建立起

100 余个"务工人员之家"，有效解决了务工人员群体的实际困难。

参与式调查法的优点是：由于是"沉浸式"观察，调研者和调研对象所处情境比较自然，调研者能够得到关于当地的社会文化现象的比较具体的感性认识，可以深入调研对象所处文化环境的内部，了解他们对自己行为意义的解释。但是，参与式调查法对调研主体的要求比较高，需要调研者和调研对象保持良好的关系，且要求调研者在参与调研对象的活动的同时始终保持研究所必须的心理和空间距离，从而确保调查的客观性。调研者如果不能很好地把握这种尺度和分寸，将会对调研结果的客观性造成影响。这也是参与式调查法的弊端所在。

（六）专家调查法

专家调查法是指组织某一领域的专家，运用专业知识和经验，对调研对象的过去、现状及发展趋势等进行分析研究，从而对调研对象未来的整体发展趋势和状况作出科学判断的方法。专家调查法是一种预测性的社会调研方法。

专家调查法的使用形式多样，比较典型的有头脑风暴法和德尔菲法两种。头脑风暴法是指凭借专家的创造性逻辑思维活动对社会现象或问题的趋势作出判断的一种方法。依据预测活动中专家人数的多少，头脑风暴法可以分为个人头脑风暴法和集体头脑风暴法。

德尔菲法，是指调研者将要讨论的问题和必要的背景材料编制成调查问卷或调查表，邮寄给专家，利用专家的智慧和经验进行信息交流，而后对他们的意见进行归纳、整理，匿名反馈给专家再次征求意见的一种方法。经过几次对专家意见的收集、整理、归纳和反馈，形成最终比较一致且可靠性较强的意见。德尔菲是古希腊的一座城市，是传说中神谕灵验、可预卜未来的阿波罗神殿所在地，因而该城被认为是预言家们活动的场所。20世纪40年代，美国兰德公司与道格拉斯公司合作，研究通过有控制的反馈机制来更可靠地收集专家意见的方法，并将该方法命名为"德尔菲法"，寓意这是一种利用专家意见进行预测的方法。此后，这一方法迅速被世界各国采用。德尔菲法不仅是一种函询调查方法，而且是一种集体预测性调查方法。德尔菲法可以用在市场销售价格和数量预测、人力资源预测、规划选址等方面。

（七）统计调查法

统计调查法，是通过对大规模样本进行调查，收集资料并对资料展开统计分析的调研方法，是一种定量化的调研方式。统计调查的作用主要有三个方面：一是可以广泛地了解和概括事物的一般状况；二是可以帮助人们客观、精确地解释社会现象；三是可以较为准确地了解人们的意见、态度和观念。这是因为要真实、准确地了解大众的一般态度，仅靠对少数个案进行调查还不行，必须通过大样本的统计调查才可能客观地反映舆论。

统计调查法通常利用固定统计报表的形式，通过收集、研究报表而分析出某项事物的发展轨迹和未来走势。统计调查法不仅可用于描述性研究和解释性研究，也可用于探索性研究。例如，在大规模调查之前，调研者先调查一些个案，从中发现变量间的一些关系，然后提出研究假设。

运用统计调查法，调研者应注意以下几点：一是统计口径要统一，否则是不可比的；二是应以统计部门的数字为准，否则分析的依据难免有误；三是报表分析要与实际情况的调查相结合，不能单一地就报表进行分析。

（八）会议调查法

会议调查法是通过召集有关组织、个人参加会议进行调查的方法。在召开会议之前，调研者通常提前将需要调研的内容告知参会人员，做到有的放矢。调研者只有事先做好准备，收集的信息才有保障。会议调查法的优点是，通过面对面交流能够掌握第一手的丰富资料，节省时间与费用，工作效率较高；缺点是通过会议收集的意见没有普查等其他渠道所收集的资料数据全面，且会议调研时间有限，可能出现由于交谈不够深入而造成的资料不全的问题。

调研者在运用会议调查法时要注意把握以下几个方面。一是会议的主题要明确，只有主题明确、组织严谨，会议才有明确的目标，才不至于出现跑题。调查会议要坚持问题导向、目标导向，聚焦主题、围绕主题深度调研。要注意在会前向调查会议的参加人员明确会议主题，像出"安民告示"一样让大家知道要讨论什么问题、解决什么问题，给参会人员留下足够的思考、调查和准备的时间。会议中要始终围绕主题，多谈困难和问题、多提意见和建议，少一些泛泛而谈，从而确保会议达到预期的效果。二是与会人员要有代表性。毛泽东同志在《〈农村调查〉的序言和跋》中说过："开调查会每次人不必多，三五个七八个即够。必须给予时间，必须有调查纲目，还必须自己口问手写，并同到会人展开讨论。"〔毛泽东. 毛泽东选集［M］. 第三卷. 北京：人民出版社，1991〕三是要允许大家畅所欲言。开座谈会的目的是要了解群众的真实声音，所以在会议上一定要鼓励大家畅所欲言，毫无保留地说出自己的真实想法。会议组织者不要设限、设线，要营造民主、开放、包容的气氛，允许调研对象发出不同的声音，只有这样才能真正感受到基层"真实的脉搏"。

（九）典型调查法

典型调查法是一种"解剖麻雀"式的调研方法，其核心是在对典型对象进行初步分析的基础上，有意识地选择一个或几个具有代表性的典型单位做深入细致的调查研究，从而由个体到总体，全面认识调研对象的总体情况。古人云："有道之士，贵以近知远，以今知古，以所见知所不见，故审堂下之阴，而知日月之行、阴阳之变；见瓶水之冰，而知天下之寒、鱼鳖之藏也；尝一脟肉，而知一镬之味、一鼎之调。"这种通过个别事物了解一般事物的方法，也是认识事物的一种科学方法。例如，毛泽东同志开展的寻乌调查、兴国调查、才溪乡调查等都属于典型调查。马克思撰写《资本论》时，把英国的社会经济发展情况作为调研的对象，正是因为英国是当时资本主义发展最成熟、最有代表性的国家。由于马克思从当时的资本主义国家中选取了最典型的国家进行深入的调研，从而揭示了整个资本主义社会形态的本质特征，完成了《资本论》这一巨著。

由于调研对象有限、范围较小，所以典型调查法能节省人力和经费，且调研重点突出、灵活便捷，这是其优点。由于典型调查是从选取的典型对象中推断整体，所以如果选取的典型对象"不典型"或受调研者主观影响较大，就容易出现"以偏概全"的情况，这是其缺点。此外，典型调查法不能对客观事物进行定量分析，在定量上只能做一些大体的估计。

（十）试验调查法

试验调查法是指在推行某种经济政策、具体措施或经营方法时，先进行试验试点，以收集资料、取得经验的方法。如销售试验就是在推行某种经销方式或销售新产品前，先进行小规模的试验，通常是先由企业拿出少量的新产品进行试销，征询试用者对商品质量、价格、包装的意见，然后对试验结果进行分析，预测市场的潜在需要量，再决定是否应该大规模投放市场。试验调查法的优点是科学、客观，便于收集有价值的资料；试验调查法的缺点是试验过程长，成本较高，且适用的领域比较有限。

二、其他调查研究方法

调查研究方法并非一成不变，也没有固定的使用范围。在社会经济生活中，除了上述一些常见的调查研究方法外，此处再介绍四类针对某些特定领域，也较为常用的调查研究方法。

（一）非抽样调查法

按照是否遵循抽样原则选择调研对象，调查方法可分为非抽样调查和抽样调查两类。非抽样调查是一种全面调查，除了前文所述的典型调查，还包括普遍调查、重点调查、个别调查等方式。

普遍调查简称"普查"，是对调研对象的全部单位逐一、全面地进行调查，以达到全面掌握调研对象总体情况的调研方式。普查常用于政府部门的行政统计，如全国人口普查、经济普查、农业普查等。

重点调查是对调研对象的一个或几个具有决定性影响的单位进行

调研的一种方式。需要注意的是，重点调查不同于典型调查，重点调查中的对象不必带有典型性，但应依据所研究对象的标志性特性确保每一个重点调查研究的对象都在总体中占据很大比例或重要地位。比如，为掌握全国小麦生产的总体情况，我们可以对河南、山东、陕西、安徽等几个重要的小麦产区进行重点调查。

个别调查又称个案调查，是指为了解决某一问题而对特定的个别对象进行调查的调研方式。个别调查不要求调研对象具有代表性或典型性，也不试图通过少量单位来概括或反映总体的状况。个别研究中的案例受时间、地点的约束，是一个有限系统。一个具体的个案就是一个研究对象。例如，调研者可以从村庄、农户、农民等单位中选取一个或几个调研对象作为个案，详细、深入地了解每一个调研对象的社会生产方式、生活模式、家庭收入来源、教育子女的观念、人际交往情况等。

（二）抽样调查法

抽样调查是从总体中抽取部分个体单位进行统计和分析，再依此推断总体的一种方法。抽样调查方法自 20 世纪初传入我国以来，在实践中应用得越来越普遍，已成为我国统计调查中重要的一部分。简单来说，抽样程序主要有六个步骤：界定总体、确定"抽样框"、选择抽样方式、确定抽样单位、确定样本大小以及评估抽样结果。

抽样调查根据调研的主题、对象、范围等的不同，形成了不同类型的抽样调查方法，划分的主要依据在于抽样方式。抽样方式分为概率抽样即随机抽样和非概率抽样即主观抽样两种方式。随机抽样包括简单随机抽样、类型随机抽样或分层随机抽样、等距随机抽样或系统随机抽样、多段随机抽样和整群随机抽样；主观抽样包括判断抽样、偶遇抽样、滚雪球抽样和定额抽样等〔刘宝珊. 基础理论与调研现场 [M]. 北京：中国民主法治出版社，2021〕。

抽样调查适用于以下几种情况：一是调研对象过宽、总体过大、个体单位过多；二是无能力调查总体但还必须调查的；三是有能力调查总体但没必要进行全面调查的；四是对普查结果的检验。

任何调查研究的结果都不可能没有误差，抽样调查亦然。不过，抽样调查的误差可以通过科学计算事先演算出来并控制在一定的范围内。误差控制主要取决于两个条件：一是样本的大小，二是调查可接受的精准度。一般来说，在同一个总体内，样本越大精准度越高，样本越小精准度越低。因此，我们可以通过调整样本规模的大小来调整调查的精准度。此外，我们还可以采用试验性调查前置的方式，通过开展调查试验，在对调查总体有整体的了解后再设定它的精准度，从而将调查误差控制在可接受范围内。

（三）社会测量法

社会测量法是美国心理学家莫雷诺首创的，这种方法是迄今为止测量人际关系最有价值的一种方法。社会测量法的根本目的在于了解群体内人与人之间心理上的关系，查明群体内部的心理结构和心理距离。

社会测量的要素主要有测量对象、测量内容、测量规则、测量手段四项。其中，测量对象方面主要有人、组织和物三类；测量内容方面，主要是指调研所要反映的测量对象的属性或特征；测量规则方面，主要是根据测量对象的具体特征属性，制定统一、规范、一致的测量规则，从而确保测量的准确性；测量手段方面，在社会调研中，数字、文字、符号等都是测量社会现象的手段。

在社会测量的分类方面，一般有定类测量、定序测量、定距测量、定比测量四大类。其中，定类测量主要指根据测量对象的属性特征划分类别，这也是社会测量中最基础的一种测量方式；定序测量是指不仅根据测量对象的属性特征划分，还可对不同类别按照一定标准进行排序，这也是一种数学特性非常明显的测量方式；定距测量是指不仅可对测量对象的属性特征进行划分，还可确定不同类别之间的数量差距，它的数学特性要比定序测量更高一级；定比测量是一种比例测量，其目标是进行数据的比例分析，它也是所有测量方式中数学特征最强的一类测量方式。

（四）网络调查法

网络调查法，是指运用互联网、计算机通信和数字交互式媒体发布网络调查问卷，来收集、记录、分析、整理信息的调查方法，某种意义上也可理解为传统的调查方法在网络空间的延伸和运用。网络调查法根据调查方式和信息来源的不同，主要分为两类：一类网络互动式调查；另一类是网络信息调查。

网络互动调查法，是指调研者在网络上设置调查问卷，调研对象通过网络填写问卷或回答问题，调研者通过对网络反馈信息进行分析研究从而得出调研结论的调研方法。如 2024 年 2 月 5 日至 2 月 25 日，人民网在网上开展全国"两会"民意调查，广纳民情民意。本次调查通过人民网全媒体通道推出，重点通过手机客户端、网站等线上渠道开展调研，吸引约 615 万人次参与。据报道，此次线上调查围绕 10 个领域设置 49 个候选热词。投票结果显示，"依法治国""就业""乡村振兴""医疗""高质量发展""养老""教育强国""社区治理""中华优秀传统文化""国家安全教育"最受网友关注，入选十大热词。这是人民网连续第 23 次开展全国"两会"调查。这正是对网络互动调查法的实践运用。

网络信息调查法，是指调研者通过对网络上的信息资讯进行搜索、筛选、分析、研究，从而得出调研结论的调查方法。这种方法也是文献调查法在网络上的一种运用方式，在调研实践中，一般与实地调研等方法结合使用。

网络调查法的优点是依托网络开展调研，成本低、效率高、对象广泛、范围广阔、内容多样，缺点是网络调查法依赖于网络信息技术，信息来源混杂、真假难辨，且网络调研对象不固定、水平良莠不齐，易造成调研质量参差不齐、调研结论有失偏颇等问题。在网络信息时代，网络调查法因其高效便捷的特点，越来越成为一种普遍使用的调研方式。但要注意的是，调查研究本质上是一种需要直面实际、立足实践的科学方法，互联网和信息技术有其自身的局限性，我们在使用网络调查法时，应扬长避短，将其作为实地调研等调研方式的辅助手段，切不可以将网络调查法作为单一的调研方式并过度依赖。

三、调查研究方法的基本功

"天下大事，必作于易；天下难事，必做于细。"要练成调查研究方法的基本功，就要四体皆勤、五官并用，小处着眼、大处着手。要练好调查研究方法的基本功，就要在勤学深思中不断锤炼调查研究的"筋骨"，在实践斗争中不断精深调查研究方法。具体来说，应重点围绕"访、问、察、查、写"五个方面练好调查研究方法的基本功。

（一）访：访谈谁？精准确定调研对象

要想达到预期调研效果，调研对象的范围划定及类别选择非常重要。不同地区有不同的资源禀赋和发展特点，不同的人有不同的人生经历和价值取向，怎么保证调研对象有足够的广泛性和代表性，避免"盲人摸象"？这就要求在选取调研对象时，不仅应符合调研方式的基本要求，同时也要注重选取有代表性的调研对象，重点寻找"空白点"、找到"关键人"。"知屋漏者在宇下，知政失者在草野"，调查研究要善于把懂情况、懂基层的人找到，把基层一线的真实情况挖出来。

宋代大文豪苏轼为官时就特别注重广开言路，问计于民。他做调查研究时注重以民为师，向能者求教，向智者问策。在徐州抗洪时，他找到当地对水文地理了如指掌的和尚应言，并向他请教对策，在应言的指导下成功解除了水灾困扰；在密州遇蝗灾时，他向农夫野老学习用火烧、用泥埋的方法铲除蝗害，取得灭蝗斗争的胜利。他的调研充分尊重民意、兼纳意见，体现了务实的调研精神。明代宣德年间，工部右侍郎的周忱被任命为江南巡抚，总督税粮，当时的江南作为发达地区竟然拖欠国家的税赋。周忱来到江南，第一件事就是深入基层调查研究，了解百姓的疾苦，"尝去驺从入田野间，与村夫野老相语，问疾苦。每坐一处，使聚而言之，惟恐其不得尽也"。百姓不知他就是巡抚，自然是有话便说。就这样，周忱从百姓口中了解到许多实情。

明史学家黄景昉曾评价说："周文襄每有兴革，必与官吏士民反复议始行。如细布一法，召东门黄婆入行台计之，往往留语至夜分。"农事找农夫计议，纺绩之事找纺婆计议，这就是周忱搞调查研究的可贵之处——精准定位调研对象，获取第一手真实资料。

正所谓"入山问樵、入水问渔"，调研者在调查研究中可多向当地的长者、乡绅以及"热心肠""万事通"等人群请教，他们长期居住本地，对情况最为熟悉，往往知道一些他人不知道的情况，掌握一些不易被发现的"关口"，找到他们就容易找到入口、找到问题、找到答案。此外，调查研究也要注重听取利益相关者的心声。因为利益相关者对问题最敏感、诉求最迫切。多听听他们的故事甚至是"牢骚"，读懂那些故事背后的"故事"，听懂"讲故事的人"的"话外之音"，往往是发现问题根源的有效途径。

但应特别注意的是，受限于调查研究的主客体方面因素的影响，"眼见不一定为实""耳听也不一定为真"，调研者既不能过分相信自己，也不能一味地相信某一位或某几位调研对象的说法。这就要求我们要坚持广泛调研，从不同行业、不同阶层甚至是不同立场观点的人群中筛选调研对象，在"众说纷纭"中广纳沿路、吸收借鉴。例如，在涉及一些基层复杂利益的问题上，本地干部了解的情况更多，但可能自身或身边亲朋或多或少地身涉其中，他们的意见或建议就会不可避免地带有一定个人感情色彩或"避重就轻"，这时候询问外来干部得到的信息情况可能会比本地干部更客观。

此外，对于一些典型调研对象，要坚持长期调研、跟踪调研。调研对象不用"贪大求全"，但只要确定好，就要一头扎下去，深入持续地开展调研。调研对象自身不是一成不变的，一次调研的结果不一定准确，只有多次调研、持续调研，才能从动态实际的发展中检验调研结果，取得调研真经。例如，光明日报社曾连续 28 年追踪调研一条新闻线索，在 28 年间先后 3 次对苏皖交界的两个小山村——江苏省溧阳市洑家村和安徽省郎溪县下吴村进行深度调研，撰写了《山这边、山那边……》《三年再访山两边》《苏皖两个相邻山村的岁月嬗变》3 篇报道。这 3 篇报道以两个小山村为切入口，以跨越时空的视角探寻解密近 30 年来乡村振兴的"密码"。每篇调研报道都在苏皖两省引发了强烈的社会反响，省委、省政府主要领导专门批示，两地几十年来持续比学赶超，有力助推了当地乡村振兴的脚步。这场历经 28 年的调查研究，生动诠释了调查研究不是"一锤子买卖"，而是认识、实践、再认识、再实践的过程。

（二）问：怎么问？提升询问沟通能力

提问，是访谈调研的主要手段和环节，尤其是在访谈调查法、会议调查法等涉及问询沟通的调查研究方法中占有十分重要的地位。从一定意义上说，调研高手首先应是提问高手。调研技巧首先就是提问的技巧。调研提问忌笼统空泛，应简洁明了、具体明确，将复杂抽象的概念转化为简洁、具体的问题，让调研对象一听就懂、易于做答。如果提出的问题笼统空泛、专业术语多，调研对象可能会一头雾水，容易出现答非所问的情况。在"问"的技巧方面，主要体现为"一短三化"。

"一短"指提问的语言应尽量简短。一次成功的访谈应该用简短的提问获得充分的回答。调研者要通过提问将双方的注意力集中在访谈的问题上，以便在较短时间内顺利完成访谈任务，不至于因访谈时间过长而使调研对象对访谈感到厌烦。

"三化"是指提问的语言应尽量口语化、通俗化和地方化。口语化是指应尽量使用口语，切忌使用官方语言和书面语言；通俗化是指应尽量少用术语、专业名词，必须用时，要做出说明，使调研对象能够听懂、理解；地方化是指要注意一些词在不同地区、不同方言中有不同的含义。提问的方式可多种多样，可以开门见山、直来直去地提问，也可以先试探性地提问，然后一步步深入。调研者究竟采用哪种方式提出问题，应根据问题的特点、调研对象的具体情况和双方的关系来确定。对于一些比较简单、调研对象容易回答的问题，可以直接提出；对于比较复杂、敏感、调研对象有所顾忌的问题，应采取谨慎、迂回、委婉的方式提出。访谈双方初次接触时，提问要耐心、慎重；而对于比较熟悉的调研对象，则可以直率地进行访谈。对于文化程度较低、理解能力较差的调研对象，调研者在提问时要耐心解释、循循善诱、逐步深入，反之则可以直接、连续地发问。

（三）察：察什么？观察细节提取信息

中国著名的人类学家、社会学家费孝通在谈到社会调查时强调："科学研究不能离开原始资料，而原始资料的可靠程度，就在于我们对事物观察的细致、全面和科学性。"〔费孝通. 农村经济调查方法［M］. 北京：中国经济出版社，2012〕观察是一种重要的调研方式，是取得材料、信息、感受和认识的有效方法。在实地收集资料时，调研者应不带任何预设观点，了解过程，感知情景，查找证据，从而获得具体环境中真实发生的社会信息，共享特殊人群、特殊条件下的认识成果。

在调查研究中，尤其是采用参与式调查法、观察调查法、蹲点调查法等调研方式时，调研者必须具备良好的观察能力，善于通过细致观察提取有用信息。具体来说，在观察中要关注细节、细致细心。观察不能一看了之，有条件、有必要时，要反复观察。观察得越多，看到的规律性现象才会越多。观察要勤记录，利用照相、摄像、录音、文摘、绘图等手段，全方位地留下印痕和自己的思考。

在观察过程中，调研者要形成互动，听、看、问，有条件的要亲身体验、操作。在记录时，调研者要更多地采用事后记录，与观察者保持自然、尊重、理解的互动关系，不要轻易暴露自己调研者的身份。那种只看材料、听汇报、凑情况、查档案、坐一坐的巡礼式、巡查式调研是找不到"真金白银"的。尤其在对一些特定群体开展走访调研时，最好采用"无陪同、无接待、无身份"的"三无"调研法进入调研现场，只有这样才能获得更为真实的第一手资料。"无陪同"，可以拉近调研者与调研对象之间的距离，观察到现场的真实情况；"无接待"，能降低调研对象的被关注感和高暴露感，有利于消除顾虑、畅所欲言，也有助于调研者暂时放下"身份盔甲"，避免出现高高在上的态度；"无身份"，可消除调研对象的戒备心理，避免其自动开启一味赞许、盲从赞同式被动应答模式，有助于倾听到调研对象的真实心声，收集到真正的社情民意。如《秘书工作》杂志曾刊登过财政部机关党委的《让青年春节回乡调研走深走实》一文，介绍了财政部青年干部春节回乡调研的具体做法：从 2016 年起，财政部连续 8 年开展青年干部春节回乡调研活动。这些年轻干部带着调研选题返乡后，有的直奔市县基层一线，感受财政直达资金的成效；有的跟踪体验基层的财政工作，了解预算管理一体化系统的运行情况；有的走近网约配送群体，调查社保政策的落实效果……既有微观观察，又有宏观思考。这种全方位的调研方法，有助于调研者快速进入调研角色、营造客观民主的调研氛围，从而助推调研活动顺利开展。

（四）查：怎么查？细查、巧查、快查

调查研究中的"查"与"察"有所不同。前述的"察"侧重于观察，即不带任何先入之见，一切从实际出发，以平等观察作为调查研究的主要方式。而"查"更侧重于调查、检查，不仅靠眼睛观察，还要综合运用多种方式。如果是督查、核查类的调查，则一般是上对下的一种行为。

调查研究是一项细致的工作，要看得仔细、问出究竟，把事情的真相和全貌调查清楚。所谓"细查"，就是要扎扎实实、仔仔细细地练好调研基本功，全面摸排、细致分析调研的基本情况，善于从海量调研素材中分析提取有效信息。现在一些调查报告中常常会出现"基本上""大体上""大多数"等模糊概念。深究其原因，就是调查工作做得不细致，对许多情况和数据摸得不深不透，无法进行定量分析，只能大而化之。因此，调研要坚持"蹲下去看蚂蚁"，只有搞清微观，才能把握宏观，微观搞得越清楚，宏观决策才能越明晰，对实践的指导才会越有针对性。

所谓"巧查"，就是要善于借力借势，善于借助恰当的调研技巧、调研方式和调研力量。随着现代信息技术的飞速发展，各类智库、数据库等都为调查研究提供了许多技术和数据支撑。例如在人力不足的情况下，可借助专家智囊、科研机构等"外脑"力量；在面对海量的调研信息时，可借助信息技术以及大数据等高科技方式，更加快捷地处理数据，从而更加全面地掌握有关情况。此外，调研者还可以采取"暗查"方式，隐藏身份出其不意地进行隐秘调查，从而巧妙规避调研对象提前"做功课""摆样子"的情况。例如，政府机关的"四不两直"督查工作，以及一些新闻媒体的深度调查等多采用"暗查"形式，往往会取得出乎意料的效果。

所谓"快查"，就是要善于把握调研"先机"，加快调研的节奏，从而掌握第一手资料。到一个地方调研，要快速进入状态、快速融入调研环境；调研完成后要趁着调研素材"温度尚存"、相关话题"热度正盛"，加紧做好调研成果梳理、调研报告撰写等工作，切不可在调研结束后就将调研情况束之高阁，或"慢悠悠、温吞吞"地做研究分析，丧失了调研成果转化的最佳时机。只有及时将调研结果转化为调研成果，才能助推实际问题的解决，从而真正体现调查研究的意义和价值。

（五）写：怎么写？汇总梳理调研结果

调研成果最重要的呈现载体就是调研报告。一般来说，调研报告应包括以下三块内容：是什么，为什么，怎么办。"是什么"，主要是摆出事实，把情况说清。调研报告要介绍这项工作或这个事情的基本情况、总体状况怎么样，有什么主要的成效和特点，有什么经验和体会。"为什么"，调研报告主要是分析问题和原因，把道理讲明。先提出存在的主要问题，再详细分析产生问题的主要原因。主要原因研究透了，对策自然就呼之欲出了。"怎么办"，主要是提出对策，把建议谈透。如果是文字量少的调研报告，就可以直接谈对策建议。如果是文字量大的调研报告，可以把对策建议分成几块来写。比如，我们可以讲一讲总体要求，讲一讲要把握的原则，再讲一讲具体的几条对策措施。调研报告在写作前应当首先确定一个主题，集中讲一个问题，要"大题小做"，不宜"面面俱到"。

清朝学者纪晓岚曾给一篇文章的批语是杜甫的"两个黄鹂鸣翠柳，一行白鹭上青天"的诗句。作者看后不明所以，于是向纪晓岚请教。纪晓岚说："两个黄鹂鸣翠柳，是说你的文章不知所云；一行白鹭上青天，是说你的文章不知所往。"这提示我们，要特别注重提炼调研报告的主题，围绕调研主题和调研目的，运用归纳推理的方法选择一个鲜明、深刻的调研报告题目，做到观点和材料的有机统一。

调研报告的撰写是个大课题，此处笔者就不展开讲了。总的来说，调研报告在内容上要围绕主题、观点鲜明、论述有力；在形式上，调研报告要布局合理、结构严谨、条理清晰；在文字上，调研报告要准确生动、简洁朴实、画龙点睛。一份上乘的调研报告应努力做到"两有三言"，即：有所思考，坚持调研报告的思想性，坚持文中相关结论和建议都经过科学分析以及对事件的深刻理解和深入思考；有的放矢，坚持调研报告的问题性，直指根源性问题，提出具有针对性和可操作性的管用对策；言之有物，分析到位、数据客观、案例翔实，有观点、有态度、有"干货"；言之有理，逻辑严密自洽，论据真实充分；言简意赅，文风朴实、文字精练。

毛泽东同志在《工作方法六十条》中提出："文章和文件都应当具有这样三种性质：准确性、鲜明性、生动性。"这对我们起草调研报告也很有指导意义。正所谓"文贵得体"，一篇高质量的调研报告，思想上要有成熟度、内容上要有可信度、文风上要有鲜活度。卢梭说：

"语言是思维的果实。"调研报告作为一种重要的文体，在语言上要力求精练、准确、生动。具体来说，调研者要注意用好几个呈现方式：用好事例、用好数字、用好图表、用好第三方评价。此外，调研者要坚持"文不厌改"，对调研报告的内容要反复修改、打磨精品，努力做到"丰而不余一言，约而不失一辞"。

第四章
调查研究方法的正确使用要领

一、各类调查研究方法的使用要领

　　调查研究是谋事之基、成事之道。调研者只有正确掌握不同调研方法的使用要领，才能掌握获取真知灼见的源头活水。在此，我们重点选取几类常用的调研方法进行分析。

　　（一）做好"解剖式"调研——典型调查法的使用要领

　　马克思主义的认识论告诉我们，人们对客观事物的认识，都是从个别到一般，再由一般到个别，"共性寓于个性之中"。一项好的调查研究往往是从小切口中找到大课题、用小杠杆撬动大成效的。典型调查法正是这样一种在个性中谋求共性、"以小博大"的调查方法。调研者通过对典型的解剖，以小见大、以点带面，从中得出规律性的认识。做好典型调查，关键是要选择有代表性和典型性的调研对象。

　　正确地选择典型，要根据调研目的，在调研之前，通过听汇报、看材料或召开座谈会等方法，先对总体情况进行初步的概括了解，然后进行科学分析和比较，根据总体内部差异性和不同特点，选取各种具有代表性的调研对象。在数量、类型等方面，要有一定的代表性，须涵盖不同层次、不同类型，才能确保获取的信息资料全面、客观、准确地反映真实情况，防止出现结论与客观实际情况不符的问题；同时要兼顾典型性，将问题最突出、矛盾最集中、经验最丰富、做法最创新的地域、单位、群体作为对象，以提高调查研究的示范力和说服力。毛泽东同志在延安对中央妇委和中共中央西北局联合组成的妇女生活调查团的讲话中谈到："怎样找调查的典型？调查的典型可以分为三种：一、先进的，二、中间的，三、落后的。如果能依据这种分类，每类调查两三个，即可知一般的情形了。"列宁曾指示统计部门除了做好全面统计之外，还要选择好、中、差三种类型的工厂、农场和政府机关进行调查，这就是采用了典型调查法。

在调研中，基层的情况错综复杂，"剪不断，理还乱"。如果我们选择的"麻雀"没有普遍指导意义，或者盲目夸大典型的代表意义，就可能以偏概全，通过调研总结出来的典型经验就推广不开，无法真正指导实际工作。

在解剖麻雀的过程中，如何实现从典型个案到发现共性规律之间的"惊人一跃"？这就亟需思想理论的助力。理论是无数现实经验的抽象和总结，是高度凝练的"思想之光"。没有理论的支撑，调查研究得出的结论往往是经验主义的。因此，调研者应当具备良好的思想理论知识储备。虽然在某项具体调研中，不一定有机会使用所有的理论工具，但只要储备充足，就有了可供选择的"武器库"。理论越丰富，就可以选择越有竞争力和解释力的框架来对典型个案进行升维，从而得出更具穿透力、更接近现象本质的规律。"解剖麻雀"主题集中、方式高效、节省人力、物力；若在"解剖麻雀"中能有机结合明察暗访、"四不两直"等形式，则会事半功倍，取得更明显的调研成效。

（二）做好"拉网式"调研——文献调查法的使用要领

文献调查法的基本要求是，收集资料要多多益善，内容要尽可能丰富，种类要尽可能多样，既要收集相关的历史资料，又要收集最新情况的资料，而且要注意资料在逻辑上的连续性和累积性。马克思在撰写《资本论》时曾强调收集资料对研究的重要性。他说："研究必须充分地占有材料，分析它的各种发展形式，探寻这些形式的内在联系。"〔马克思. 马克思恩格斯文集［M］. 第 5 卷. 北京：人民出版社，2009〕通过调查充分地占有资料，是调研者进行研究的前提和基础。马克思用了 40 多年的时间来研究和撰写《资本论》，从其中所评述、引证的文献名单，就可以看出马克思所研究的文献范围之广泛、数量之众多、内容之深刻，令我们感叹，也令我们敬佩。正是因为基于这种全面而深刻的研究，才使《资本论》成为"工人阶级的圣经"，为全世界无产阶级提供了反对资本主义制度的锐利思想武器。正如恩格斯所说："自从世界上有资本家和工人以来，没有一本书像我们面前这本书那样，对于工人具有如此重要的意义。"〔恩格斯. 马克思恩格斯文集［M］. 第 3 卷. 北京：人民出版社，2009〕

当前信息技术发达，各类文献数据库、搜索引擎及专业网站等为文献搜集提供了更为便捷的工具。在采用文献调查法时，调研者要善于充分发挥信息技术和各类搜索引擎的作用，在海量搜索、快捷查询中，筛选有价值的调研素材，不断提升调研工作的效率。在搜集文献资料时要注意以下几点：一是文献检索，要充分利用报刊目录、文摘、年鉴及百科全书等资料，检索列出有一定参考价值的文献目录清单；二是文献收集，通过线上线下等方式，对文献进行浏览、阅读和收录，形成文献的提纲、摘录等；三是文献鉴别，要注重对文献的出处和价值去伪存真，尤其是转述他人的部分要进行核对核实，防止以讹传讹；四是文献的研究运用，可综合运用历史法、因果法、比较法、辩证法等多种方法，对文献进行定性分析和定量统计，深入研究思考，从而得出规律性的认识并提炼升华为调研报告。

（三）做好"沉浸式"调研——参与式调查法的使用要领

在参与式调查中，调研者与调研对象都始终"沉浸式"地处于调研场域之中。要达到好的调研效果，就要重点把握好以下基本理念：诚实，尊重调研对象；建立友善关系；在调研中没有主观偏见；善于观察、倾听和学习；不问诱导性问题。除此之外，调研者还需要重点把握以下原则。

（1）协助。由外来者协助当地人自己进行调查、分析，做报告和学习。这是参与式调查法发挥调研对象的积极性的重要原则之一。协助原则使调研对象既能够拥有信息，又能够拥有调研结果，并且能够进行自我研究。这种"移交指挥棒"式的调研方法常常需要外来者开个头，然后就坐到一边旁观，而且不要随意打断对于调研对象的访谈、讨论。

（2）灵活。参与式调查法注重社会问题发展的动态性，调研者在进行调研时要善于捕捉各类重要信息，及时修订工作计划。被调研地区的任何人、任何物、任何现象都可以为我们提供有用的信息，所以灵活和创新意味着调研不能墨守成规，应当充分发挥当地人的创造力和想象力。

（3）反思。在参与式调查中，外来者（协助者）要有责任心，并善于总结，懂得做自我批评。也就是说，外来者要不断反思自己的行为，目的就是使自己做得更好。

（4）分享。参与式调查法注重在不同主体之间分享信息、观点和体会等。在当地人之间、当地人与外来者之间，以及不同外来者之间，要经常进行信息交流和沟通，相互交换信息和看法，这有利于加强不同主体之间的相互了解，增进感情。

（四）做好"引导式"调研——会议调查法的使用要领

会议调查法是一种常见的调研方法。要用好会议调查法，调研者要注意把握好调研会议的"走向"和"火候"，按照调研主题进行提问和引导，谨防把调研座谈会开成漫谈会。一次成功的会议调查，最重要的是"三个一"：一个明确的主题、一批有代表性的座谈人员和一位有控场能力的优秀主持人。

具体来说，首先要确定好座谈会的主题，这是开好座谈会的关键。座谈会带有明显的目的性，要在有限的时间内达到预期目的，一定要围绕着某项工作的重点、难点、热点问题确定主题，不可贪大求全、面面俱到。

其次，要合理选择参加座谈会的人员，尽量找不同类型、不同层次，有代表性且具有一定语言表达能力的人参加，并积极引导他们发真声、吐实情。不要预先设定框架、给人杆子让人爬，而是要放下架子、放下成见、放下内心预设，善听众人之言，善于吸收借鉴不同意见，从而全面掌握第一手资料。

此外，会议主持人也是开好调查会议的关键人物。主持人应具备引导会议的控场力、凝聚与会者的亲和力和环环相扣的提问力。在会议中，主持人要抓准时机、循循善诱、主动延伸、耐心倾听，引导会议进程，围绕主题深挖调研素材、拓展谈话内容，从而使整个会议的调研主题明确、引人入胜、发人深思。

会议调查法在具体运用中虽十分常见，但也有一定的局限性，主要体现在社会心理因素和深入程度受限两方面。由于会议调查法是以座谈会的形式邀请若干调研对象进行座谈交流，此类形式无法完全排除社会心理因素对调研对象的影响，从而造成调研结论难以全面、真实、客观地反映现实情况；在深度程度方面，由于座谈会时间有限、选取调研对象数量有限，难以进行深入、细致、全面的交谈，这就导致调研的质量受调研者自身因素的影响较大，从而有可能造成调研结果有失偏颇。为尽量避免出现以上情况，调研者可在采取会议调查法的同时，辅助采取一对一的访谈调查法，以便调研对象能够在更加隐秘、自由、宽松的氛围中畅所欲言；也可以辅助采用向其他调研对象发放调查问卷的形式，以弥补会议调查法仅能选取少量调研对象参与而可能带来的样本偏差。此外，还可以采用蹲点调查法、参与式调查法等方式，对在会议调查法中得到的信息亲自加以佐证。

二、调查研究的"五宜五忌"

当前，一些地方的调查研究中存在"重局部轻全局、重常规轻创新、重经验轻事实、重形式轻内容、重短期轻长期"的倾向。因此，在调查研究中应发挥调查研究的优良传统，始终坚持问题导向，努力做到"五宜五忌"。

（一）调查研究宜以点带面，忌以点概面

调查研究不能"只见树木，不见森林"。树木与森林是辩证统一的关系，没有树木就没有森林；但若只见树木、不见森林，就只看到了局部而看不清全局。因此，调查研究必须坚持系统观念，把握好全局和局部、当前和长远、宏观和微观、主要矛盾和次要矛盾、特殊和一般的关系。调研者既要善用"特写镜头"，看清楚一棵树的枝干叶脉，更要善用"广角镜头"，从一棵树的生长而探知整片森林的生长环境，由此才能不断提高观大势、谋大事的能力，才能主动把本地区、本部门的工作融入大局大势中去分析把握。

在调查样本的选取上，我们不能只选示范点、模范生，不看中等生、差等生；在调查路线的安排上，我们不能舍远求近图轻松，马上观花过眼忘；在调查结论上，我们不能以偏概全看眼前、坐而论道瞎指挥。总之，我们要抓一个问题就解决一个问题，解决一个问题就向前推进一步，积小胜为大胜。比如，某地近年来婴幼儿托育服务发展迅猛，出现了一些口碑很好的"网红"托育机构，引得很多单位来此调研取经。那么在调研中，除了看这些先进典型，还要广泛了解当地的人口规模、人口增长速度、经济体量、家庭养育模式等背景情况。此外，还要对各类托育机构有通盘了解，如可按照不同托育需求，分为中心城区、近郊区、远郊区等类型；也可按照托育机构的规模，分为大型、中型、小型等类型，然后从每一种类型中选取有代表性的几家托育机构再深入"解剖麻雀"。

（二）调查研究宜与时俱进，忌因循守旧

1910年年初，蔡元培针对清朝末年中国思想文化界抱残守缺、固步自封的局面，撰写了《中国理论学史》，通过中西文化的对比，指出"故西洋学说则与时俱进"。他把散见于中国古书中的"与时偕行""与时俱化""与时俱新"等激励人的说法综合概括为"与时俱进"〔陈方柱. 调研写作分类精讲［M］. 北京：中国文史出版社，2020〕。时代是出卷人，我们是答卷人，人民是阅卷人。我们大兴调查研究，就是为了把人民对我们党的"考试"、把我们党正在经受和将要经受各种考验的"考试"考好，努力交出优异的答卷。我们是真答卷还是抄答案？是保持赶考的清醒与谨慎，真访真察真答卷呢，还是带着赶场的匆忙和应付，闭门造车抄答案？一份份考卷，答得怎么样，最后都要交给人民评判。

中国共产党领导中国人民在革命、建设和改革的实践中形成了以坚持问题导向、坚持直接调查、坚持群众路线等为特征的调查研究方法。我们在调查研究中总会遇到各种新困难、新问题，甚至是难啃的硬骨头。这就要求广大党员干部在调查研究中，继承中国共产党的传统调研方法，综合运用座谈访谈、随机走访、问卷调查、专家调查、抽样调查、统计分析等方式，不断提高调研质量。

当前社会，在线调查、网上问卷调查、智能搜索等调研方法如雨后春笋般涌现，极大地丰富了调研工具与方式。调研者要善用现代信息技术进行多渠道、高质量的调研，真正把握事物的本质和规律。大兴调查研究要创新调研方法、广开调研思路。在坚持好的调研传统的基础上，充分利用移动互联网、云计算、人工智能、大数据等现代信

息技术，为调查研究注入新元素新动能。同时，要注重前瞻式调查研究。愚者暗于成事，智者见于未萌。调查研究既要在具体的方法论上守正创新，也要在调研理念上"瞻前顾后"；既要对当下问题深入剖析，也要增强对未来的洞见力。调研者要聚焦实践中遇到的新问题、影响改革发展的深层次问题、人民群众"急难愁盼"问题、国际变局中的重大问题、党的建设面临的突出问题，从现实中找问题，在实践中寻答案，在创新中求突破，率先提出解决方法，切莫让赶考变赶场，真答卷变成抄答案。

（三）调查研究宜深入基层，忌形式主义

作为一种常用的工作方法，调查研究有助于把握快速变动的实际，从根本上增强政策措施的科学性、针对性、实效性，也是践行群众路线的生动形式。调查研究要冷静观察、理性判断，切忌空喊口号、光说不练。调研工作要重在看后院角落，不要看花瓶盆景，力戒"浮光掠影"。习近平总书记在参加全国政协十三届二次会议文化艺术界、社会科学界委员联组会时指出："要把好脉，中国身体怎么样，如果有病是什么病，用什么药来治，对这心里要透亮透亮的。号脉都号不清楚，那治什么病？"调研工作谁做得好、做得实，不是看谁口号喊得亮、口头表态快，而是看有没有切中要害把脉问诊、有没有解决问题。安徽凤阳小岗村党委原第一书记沈浩，初到村子就跑遍了全村 108 户人家，驻村 6 年完成 29 本"民情日记"。正是这种扎实的调研，使他赢得了乡亲们的评价："他眼皮不往上翻，跟咱亲近。"

"不明察，不能烛私。"在现实中，个别干部偏离了调研的初衷，调研目的异化成为让别人知道"我"在调查研究、知道"我"在忘我工作、知道"我"在接触群众。有的干部认为，调研无声无息、解决问题埋头苦干，最后得不到认可；要想得到认可就要出头露脸，口号喊起。这其实是私心杂念在作怪。调研工作可以喊口号，但不能仅喊口号，更不能口号是一回事、做的是另一回事。口号响代替不了号脉准。没有号清楚脉，就口号喊起、盲目干起，不仅治不好病，可能还要了命。调研工作要摒弃"说起来重要，喊起来响亮，做起来挂空挡"的行为，杜绝"只听楼梯响，不见人下来"。说到底，调查研究不是做秀，而是要把功夫下到察实情、出实招、办实事、求实效上。调研工作要打起聚光灯、聚焦矛盾问题，再拿起手术刀、祛除顽瘴痼疾，特别是要针对社会上反映强烈的突出问题，逐一梳理，形成问题清单、责任清单、任务清单，狠抓落实，紧盯不放，一抓到底，做到问题不解决不松劲、解决不彻底不放手，把一个个"问题清单"变为"成果清单"。

（四）调查研究宜轻车简从，忌官僚主义

调查研究贵在"脚步轻脚印深"。脚步轻，体现调研作风，要轻车简从、开门问计、集思广益，虚心向调研对象学习、向基层请教。如果重复扎堆、兴师动众，不仅很难听到真话，还会让调研对象反感。脚印深，体现调研成效。调研工作不是走马观花，而是要发现问题、解决问题。倘若跑了不少点位，花了不少时间，但总是浮在表面，不愿下功夫"解剖麻雀"，没有掌握第一手情况，就不叫真正的调查研究。调查研究是铺下去还是扑下去？是进门槛还是进心坎？是仅仅安排指示、铺开布下、倚窗凭栏听风雨呢？还是扑下身子、躬身入局、出水才见两脚泥？这是每一位调研者应当扪心自问的一点。

时下，一些调研经常遭遇这样的窘境：想开座谈会了解基层的真实情况，参会的却仅是一些能说会道的人，他们很会背"标准答案"；想解剖"麻雀"研究问题，却只能看一些"繁花似锦"的示范点、"样板间"；想深入一线掌握动态，却怎么也走不出步行街、沿江路、大广场等"三大件"构成的隐形"围城"。这种调研，任人摆布，脱离实际，其实是"被调研"。如何走出"被调研"的围城？态度和方法决定着调查研究的成效。调研能不能扎实有效，关键看有没有真态度、真诚意，愿不愿意出实招、用笨办法。现在通信很发达，调研者通过打电话、发微信、看材料也能了解很多情况，但群众有很多想法，往往不愿在那些很正式的场合、当着很多人的面讲出来，因此调研者只有走家串户、嘘寒问暖唠家常才听得到。

现在，有些领导干部把调研现场当秀场，一阵风来，一溜烟去，出发一车子、开会一屋子、发言念稿子。有的领导干部到基层调研，前呼后拥，层层陪同。这样的调研，既增加了基层的负担，产生新的形式主义，又影响决策的科学性，还损害了政府形象及公信力。俗语讲，"出水方见两脚泥"，袖子撸一撸，裤脚挽一挽，才能真正掌握全面、真实、丰富、生动的第一手材料。调查研究要严格执行中央八项规定精神，多采取"四不两直"方式，轻车简从，厉行节约，不增加基层负担、不草率决策指示。调研者要注意整合各部门的力量，加强统筹调研，严防"多头调研"，把基层干部从"陪同调研"中解放出来，腾出精力干实事。

调查研究犹如一座桥，连着真知与行动，也连着党心与民心。做好调查研究，考验的是工作作风，厚植的是人民情怀。确实，有的同志是下去了，但腿动心不动，并没有带着心，并没有动真情，距离"身挨身坐、心贴心聊"还有一定差距。有的同志只听当地干部的口头汇报或只看书面材料，不听人民群众有哪些想法、不思考人民群众有哪些困难。肩上有沉甸甸的担子，身后有群众眼巴巴的目光。再热闹的花活，也比不上解决一件百姓心头事；再豪迈的表态，也取代不了对"急难愁盼"的关切。在调研中，调研者要做到知民情、解民忧、纾民怨、暖民心，从而把调研结果转化为务实举措，把党的正确主张变为群众的自觉行动。用真心才能换来真话，用真情才能赢得交情。走不到群众心坎里的调研，去了也是隔靴搔痒；没有对群众诉求回应的调研，走了还是徒留怅惘。

（五）调查研究宜长期常态，忌短期主义

调查研究绝不应是走走过场、来去一阵风，而是要建立起调研常态化、长效化机制，用非常之力、下恒久之功。习近平总书记在"不忘初心，牢记使命"主题教育总结大会上强调："群众最担心的是教育一阵风、雨过地皮湿，最盼望的是保持常态化、形成长效机制。"端正调查研究的态度，掌握调查研究的本领，不是一阵子的事，而是一辈子的事。调查研究工作不可蜻蜓点水，不可虎头蛇尾，不可带着群众的期盼走了，再无回应，空留回忆；必须善始善终、善作善成，必须久久为功，形成制度，形成风气。

调查研究不是一劳永逸、一蹴而就的，必须坚持不懈、持续深入。调查研究是一种工作方法、一种工作制度，更是全党同志特别是各级领导干部肩负的一项政治责任。我们要通过强化调查研究工作制度，推动领导干部带头调研，拿出一定时间深入基层。我们要通过细化党员干部调查研究规定，着力打通贯彻执行中的堵点、淤点、难点。对各地区、各部门的好做法、好经验，我们要及时以制度形式固定下来。对反复出现的问题，我们要注重从制度上找原因，做好完善机制、建章立制的工作，防止问题反弹。

具体来说，要注重形成调查研究的"闭环"。对于一项重大决策，事前是否进行了充分深入的调研；对于重点工作项目的执行情况，是否配置了跟踪式调研、督查式调研；对于解决那些长期未解决的"老大难"问题，是否建立了清单化的调研推进机制等，真正打通从调查研究到解决问题的转化通道。放大来看，就是要将调查研究"贯彻于决策全过程"，成为决策的必经程序，作为"永远的、根本的工作方法"。一次调研往往不能彻底解决问题，需要进一步研究论证后付诸实施。对准备实施的和已经形成举措、落地落实的，要分类对待、及时跟进、定期评估、调整优化。我们要把调查研究融入日常，持之以恒抓经常，以"钉钉子精神"推动调查研究常态化，"使调查研究成为党员、干部的经常性工作，在全党蔚然成风、产生实效"。

三、怎样进一步改进调查研究方法

调查研究方法不是一成不变的，是随着形势和任务的不断变化而动态变化、不断升级的。同样，培养调查研究能力也不是一劳永逸、一蹴而就的，需要在实践中持续改进、不断扩容。这就要求我们善于总结和归纳改进调查研究方法的经验。

（一）用真心促交心

"真诚是永远的必杀器"，调查研究的最高境界是听到真话、实话、心里话，只有真心实意才能以心换心，只有"谈得来"才能"谈得开"。这就要求调研者要真调研、调真研，扑下身子，用好蹲点调查、参与式调查、访谈调查等调研方式，沉下心来、沉入基层、融入调研对象，与调研对象真诚平等交流，在共鸣中同频共振、找到共情，在共识中挖到实情、取得真经。

习近平同志任浙江省委书记时，曾在《善于同群众说话》一文中写道："有少数干部不会同群众说话，在群众面前处于失语状态。其实，语言的背后是感情、是思想、是知识、是素质。"人与人之间接触，语言是最基本的工具。言为心声，语言就像一面镜子，能照出你心里所思所想。同样一件事，怎么说很重要。说得好，听的人心里舒坦，自己也得益；说得不好，听的人心里憋屈，自己怎么得罪了人都不知道。对调查研究来说，第一道门槛就是说话，尤其在面对基层干部、人民群众以及一些特殊调研对象群体时，如何真诚沟通、友好对话就更为重要了。

南怀瑾在《南怀瑾谈领导的艺术与说话的艺术》中解读《战国策》时有一句话："说难，人与人之间说话最难，尤其用言语沟通政治上的思想，就更为困难。"下基层调研，调研者要善于倾听、学习、运用群众语言，切忌打官腔、唱高调，这样才能很快融入群众之中，拉近彼此间的距离，才能捉到"活鱼"、挖出"富矿"。就像徐文秀在《学习时报》发表的文章《调查研究须求四个"真"》中提到的："好的调查研究要能够听到真话、看到真相、取到真经、结下真情。"调查研究只有下真功夫、动真感情、出真招实招，才能达到调查研究的预期效果。以心换心、换位思考，才能让调研对象敢讲、愿讲、放心讲真话。那种按预定"脚本"走访、开座谈会念稿子的调研，打不开干部群众的心扉，也难听到基层实情；那种进了老百姓家里，凳子不愿坐、杯子不敢接、东西不想碰的人，很难让老百姓说出心里话；那种满纸书面用语、专业名词如考试答题的调查问卷，也只会让调研对象心生厌烦。走不出这样的误区，就走不进人民的内心，更听不到真话、实话，是达不到调研目的的。

（二）用诚意听民情

倾听是沟通的最基本的层面，是得到准确信息的手段，是拉近与对方情感距离的法宝。善于倾听的人，能听懂对方说些什么，准确领会对方的表达意图，掌握对方的表达强项，并给予恰如其分的认可和鼓励，从而引导对方更加放松、真实的表达。一个优秀的调研者应该是一个合格的倾听者。如果调研者能面带微笑，用一种专注而又迫切的目光看着调研对象，那会让调研对象感觉到你的信赖和欣赏。在这种氛围里，对方会充分地展现自己、大胆地交流沟通。

周恩来同志之所以被亿万人赞颂，其中突出的一点，就是他在听别人讲话时态度极其认真，无论对方职位高低、年龄大小，他都同样对待。对此，美国一位外交官曾评价道："凡是会见过他的人，几乎都不会忘记他。他身上焕发着一种吸引人的力量，长得英俊固然是一部分原因，但是，使人获得第一印象的是他的眼睛……你会感到他全神贯注于你，他会记住你和你说的话。这是一种使人一见之下顿感亲切的罕有天赋。"无论是学术性调查研究还是党政机关、企事业单位的各类调查研究，都需要培养调研者真诚的态度和"善听"的能力。现实中，个别领导干部习惯以上级领导的身份去"质问"调研对象，或看似是询问沟通，实则态度高高在上，这样就人为制造了疏离感和紧张感，造成调研者与调研对象之间的"隔阂"，这不仅不能调动起调研对象的倾诉欲望，也无法很好地驾驭调研现场，是非常不可取的。卡耐基有一次和一位植物学家聊天，这位植物学家喋喋不休，不断向卡耐基科普各种奇花异草。卡耐基选择了耐心地聆听，最后竟意外地获得了植物学家的好感。植物学家激动地表示："你是我遇到的最好的谈话专家。"真诚的倾听，不仅是打开人与人交往的"金钥匙"，也是做好调查研究的"金钥匙"。

（三）用恒心解愁盼

"深者得金，浅者得沙。"调查研究要有毅力、有恒心，对有些课题要持之以恒地探究，不要指望一蹴而就。对于一些重大问题和复杂情况，我们需要反复调研，不断深入了解情况，逐步提高认识，由表及里，才能不断接近真理，形成参考价值较大的意见和建议。

新华社高级记者吴国清曾这样回忆他一年三次深入基层调研的故事："2003 年上半年，我在和总社两位记者进行沙产业、草产业调研时，就发现我国实施了 4 年的退耕还林工程成效很大，但存在的问题也不少，尤其是基层干部群众对工程实施 8 年后怎么办，甚为忧心。我们顺手写了一篇《退耕还林中的一些问题亟须解决》的调研稿，反映了记者在基层看到的退耕还林工程进展、影响可持续发展的一些突出问题和基层干部群众的建议，引起了各级领导的重视，国家林业局还派出工作组进行了专题调研和纠偏。但自己觉得退耕还林主题重大，研究不够，意犹未尽。于是，当年 8 月又带领分社记者深入退耕还林走在全国前面的内蒙古乌兰察布盟，对这里已经搞了 9 年的退耕还林工作进行了解剖麻雀式的典型调研，采写和发表了《与农业产业化相结合的退耕之路——乌兰察布盟 9 年退耕还林调查》，浓缩地反映了退耕还林工作的成效、与农业产业化相结合的前景及其建议，引起有关部门的重视，得到中央领导的批示。自己仍不满意，觉得对退耕还林工作还是认识不深，研究得不透，当年 10 月又带领记者第三次聚焦退耕还林工程，扩大范围对内蒙古全区退耕还林工作进行了深入调研，采写了《"三效合一"才能赢得长效——内蒙古退耕还林调查（上）》《视补助期为"转型期"——内蒙古退耕还林调查（下）》一组两篇调研文章，直接着眼于反映 8 年退耕还林后续产业如何跟进问题，得到时任国务院副总理回良玉的重视和批示。国家林业局随后相继出台了一系列规范退耕还林工程的政策性文件，对退耕还林 8 年后的政策和工作进行了衔接，引导退耕还林工作健康发展。"〔吴国清. 一片冰心在玉壶：吴国清调查研究文选［M］. 北京：新华出版社，2017〕

　　调查研究既要"身"到，也要"心"到，要调动所有能够采集信息的器官，要有一股子"钻"劲。总的来说，调查研究就是要迈开腿，走出去；要用眼看，看人看事，看真实情况；要用耳听，听他们讲，顺耳的要听，逆耳的也要听；要用手记，好记性不如烂笔头；要开口问，不明白的要问，一知半解的也要问，有过程而无结果的，要追着问，打破砂锅问到底；要用脑子想，在看和听的过程中，脑子不能闲着，边听边看边思考，把思考贯穿于调研的全过程。就像著名文学家茅盾所说："应当时时刻刻身上有一支铅笔和一本草簿，无论到哪里，你都要竖起耳朵，睁开眼睛，像哨兵似的警觉，把你所见所闻随时记录下来。"搞调查研究，就要当这样的有心人、恒心人。

（四）用大数据提效率

大数据是海量数据的集合，数量庞大、类型多样、生成快速、潜力巨大。传统的调查研究方式中，采集数据主要靠田野调查和座谈访问及表格填写，调研者能得到的数据十分有限，只依靠少量样本分析，其结构性、代表性会有很多不足。但在大数据"加持"之下，海量结构化数据将实现短时汇集。其他非结构化的数据如图片、声音、视频等资料的获取也变得更为便捷，这就给调研提供了更为广阔、更加精准、更可融合的空间与可能。大数据时代，随着互联网、云计算等技术的运用日益广泛，新闻信息的来源越来越多样、传输越来越便捷，确实是"乱花渐欲迷人眼"。但只要"内容为王"的核心原则没有发生本质的改变，调查研究的方法就没有过时。相反，大数据、云计算，丰富了调查研究的方式方法，使调查研究的重要性更加凸显。

同时，我们也要清醒地看到，随着大数据而来的新技术革命，使各级领导的决策方式确实发生了很大的变化，如工作经验和直觉越来越多地让位于数据和分析。大数据时代，虽然人们掌握的有关世界的数据更精细，看世界的"镜像"更清晰，但人们观察世界仍然既需要"望远镜"，又需要"显微镜"。显然，现在其实对调查研究的要求更高了。大数据时代，各种技术在形式上给调查研究带来了不少变化，但调查研究的内容没有发生根本的变化。也就是说，即便是大数据时代，调查研究的一些主题也是永恒的。互联网时代，我们要用好"互联网""云计算"技术，实现高效率"摸排"。通过遥感等技术辅助调查研究，用好互联网舆情分析和企业信用等多维度数据库，在开展调研工作时进行宽领域搜集，摸清情况现状、缩小问题寻找半径，提升调研效率。

在大数据时代的调研中，我们要注意的是，一方面要善用"大数据思维"，借助好科技的东风；另一方面也要注意"大数据陷阱"，防止成为大数据的"奴隶"。大数据是以网络为基础的"去人性化"的数据汇总，并不能准确反映人的社会行为。如果分析方法不科学、运用方式不恰当，数据体量越大，风险和误差就越大。我们要防止迷失在大数据的"迷雾森林"中，就要做到调查研究不仅依靠"键对键"，还要坚持"面对面"。

第五章
使用调查研究方法的注意事项

一、善用空杯心态做好调研

开展调查研究，既要"走下去"，又要"带回来"。所谓"走下去"，就是要沉到基层；所谓"带回来"，就是要有所收获。走下去是作风，带回来是成果；走下去是途径，带回来是本事。调研者应始终保持"归零"的空杯心态，通过调研努力装回"满杯"成果。现实生活中，一些人深耕一个领域，或经常和政策与文字打交道，很少接触基层，长此以往，他们就容易思想僵化，自我封闭，从思想到行为上都会不切实际、不接地气。

著名经济学家周其仁曾表示，他有两个重要的调研方法：其一，在调研态度上，先"腾空"自己，再实地察看，这样才会找到真问题、寻到好方法；其二，调研后要及时讨论，不让思想的"火花"过夜冷却，失去"去粗取精、去伪存真"和解决问题的最佳窗口。这里第一条所说的"腾空"，就是指要保持"空杯心态"。在调研前，调研者要清空大脑中的成见、偏见，不预设固定模式、不怕山高路远。决不能就近不就远、就熟不就生，指定场景，圈定场地；也不能预设议题，带着个人的想法接触被调研对象，甚至为了印证自己的某一观点而匆匆到下面去找"填充料"。调研者要头脑上腾空、观念上清空，带着虚心的态度、学习的态度、取经问计的态度深入基层一线调研。

调查研究要尽量杜绝"自以为是"和"习以为常"，充分用好空杯心态。在调查研究中要抛却个人成见和预设立场，摒弃"过客"心理，从"常识"和"共识"出发，寻找二者之间的碰撞点，防止"摆拍式""观赏式"调查研究。要紧盯空白点、敢啃硬骨头。要甘当"小学生"，真心拜人民为师，虚心向群众学习，不懂就问、不会就学，多疑问、多反问、多设问，勇于打破砂锅问到底，在不停地刨根问底中抽丝剥茧、追根溯源，确保问到点子上、问出真情况。调查研究要尊重人民群众的主体地位和首创精神，始终和群众想在一起、干在一起，诚心诚意感受群众之想、群众之愿、群众之盼，善于从人民群众身上找到"好方子"、发现"金点子"。在田间地头汲取成长的"营养液"、淬炼担当的"铁肩膀"。长此以往，必能驱散心中迷雾，拉直心头问号。

二、做好案头推演调查预研

"凡谋之道，周密为宝"。调查研究只有计熟事定，才能举必有功。调查研究必须做好案头推演的"前奏曲"，认真谋划、科学完善调研方案。一份好的调研方案具体来说就是要坚持"五有"：有明确清晰的调研目标、有全面精准的调研对象、有管用和实用的调研方法、有团结有力的调研团队、有科学周密的调研安排。

在深入基层调研之前，调研者应提前围绕调研内容，结合本地区、本部门、本单位的实际，广泛听取各方面的意见，确定调研主题和调研目标，明确调研的项目课题、时间地点、方式方法，研究制定调研方案。调研方案应紧扣调研目的，明确此次调研是查找并解决问题还是总结典型经验，是为理论研究服务还是为领导决策提供参考，或是为推动某项具体工作的实施。只有明确了调研目的，制定科学周密的调研方案，才能达到事半功倍的效果。一份好的调研方案应当吃透上情、学习外情、摸准内情。所谓吃透上情，就是要认真学习与调研主题相关的党中央、国务院的最新部署以及上级的制度规定等文件精神，弄清政策界限。所谓学习外情，就是要主动查阅与调研主题相关的研究成果和报刊资料，学习借鉴外国、外地的先进理念、创新举措和有效做法。所谓摸准内情，就是要善于研究本地的实际情况，做到轻车熟路，以期在与调研对象的交流中同频共振，形成共鸣。

此外，要注重做好调研预案。在实际工作中，不少地方和单位在调研预案方面还存在认识不足和预案短板。比如，有的单位事先规划不足、统筹不够，出现了扎堆调研、多头调研、重复调研的现象，眉毛胡子一把抓、东一榔头西一棒子，既无头绪又无章法。有的地方在频繁接待上级的调研中"疲于奔命"，个别地方甚至一天之内要接待好几批调研团队。尤其是一些比较典型的基层单位，需要耗费大量的人力物力给调研组准备材料、汇报工作，对正常工作造成不小的影响。

我们要想解决调研过程中的这些问题，做好案头推演尤为重要，应该统筹推进、一揽子谋划。多个部门对同一点上的调研，能合并的就合并；出去调研一次，尽可能把想了解的问题梳理清楚；同类型的问题，选择更具典型意义或工作困难更大的地方调研；对表现在基层、根子在上面的问题，对涉及多个地区或部门单位的问题，要上下协同、整体推动解决。

三、高度重视调研成果转化

　　调查研究包含调查和研究两个方面，这要求我们既要做好调研信息的"收集者"，也要做好调研材料的"分析师"和"加工者"。调查研究的最终目的在于解决问题，为科学决策提供参考。在调查结束后，要进行深入细致的分析思考、系统梳理、研究论证等工作，把零散的信息系统化、把粗浅的认识深刻化，从而找到事物的本质规律和解决问题的正确方法。调研者要想做好调查研究的"后半篇文章"，就要及时综合上级政策导向、调研中发现的问题病灶、特色亮点以及各方群众的意见建议等，开展交流研讨，集中分析研判，提出对策措施，形成问题清单、责任清单，并做好跟踪评估。对短期能够解决的问题，要立刻提出有效举措，帮助指导解决；对一时难以解决、需要持续推进的问题，要明确时限，分阶段推进，不解决不放手；对研究充分、已比较成熟的调研成果，在制定出台相关政策文件时应充分吸纳，上升为决策部署、转化为有可行性的具体举措；调研者对尚未研究透彻的调研成果，要更加深入地听取意见和建议，完善后再付诸实施；对已经形成举措、落地实施的，要及时跟踪评估，动态优化。对调研者而言，调查研究不是"一次性"的，而是长期性、持续性的，要善于发挥自身的平台优势、专业优势，主动帮助基层化解工作中的堵点、痛点和难点，使调研成果真正转化为推动经济社会发展的"有效利器"。

调研成果的转化一般有两种方式。一是把调研报告压缩萃取，形成重要而简短的报告，向领导机关和领导同志报送，或者在重要刊物上发表。二是将调研报告直接转化为法规制度或者政策文件，形成指导日常工作的制度办法，上升为各种管理规定或者工作方案。"文可载道，以用为贵"，衡量党政机关研究部门调研成果质量的高低，归根结底是要看这些成果有无使用价值，能否进入决策、变成政策，以及在实际工作中发挥多大的作用、解决多少问题。

《山海经》中有个关于"无肠国"的故事，说的是无肠国的人吃下去的食物，通常只经过一段肠子、还未等到消化便排泄出去了。因此，他们要不停地吃、不停地喝，才能维持身体的正常需要。不经过消化吸收的食物，很难完全转化为身体活动的能量。同理，未经过消化吸收的调研成果也是如此。如果调研成果只是文字和素材的罗列，对现实没有指导价值，那么调研就毫无意义了。

调研报告是呈现调研结果的重要载体。撰写调研报告的目的，是以书面形式向领导机关和有关部门报告调研的基本情况、实施过程和得出的结论，使领导机关和有关部门对所调查的实际情况有一个全面而准确的了解，便于做出决策，解决问题。对调研工作进行总结，主要是通过总结得出成功的经验和失败的教训，以便于今后开展工作，推动事业向前发展。

调研报告要在"精、准、新"上下功夫，即写情况要精，写问题要准，写建议要新。调研报告做不到"语当其时，策当其用"，达不到"精、准、新"的目标，就无助于领导决策和实际工作，就很难称为精品力作。调查研究要坚持实践导向、效果导向，而不是"文本导向"。一份完善的调研报告不是调研的终点，不能写好后就束之高阁，一切工作照旧。调研要坚持从实际工作中来，到实际工作中去，把调研报告提出的意见建议运用于实际工作中，是检验调研水平的重要方面。只有不断地通过研究问题，解决问题，把调研成效转化为实践成效，我们的工作才会取得进步。

在调研成果的转化方面，除了"调研报告"这一"常规动作"外，还有很多"自选动作"可以选择。比如，财政部以调查研究为切入点，多措并举做好调查研究"后半篇文章"，全方位地提升青年工作的成效，其具体做法可以给有关部门的调研成果转化工作提供一些启发。

一是及时开展调研作品宣传交流。财政部利用"财政青年"微信公众号开设专栏，刊登青年优秀调研作品。《中国财政》杂志每年出一期专刊刊发部分优秀作品，《中国财经报》开设"财青 8+ 基层行"专栏，对调研活动进行跟踪报道。部分青年优秀调研作品还被人民网和《旗帜》等主流媒体和杂志刊发，进一步扩大了调研成果宣传运用范围。

二是加强调研成果在业务工作中的实践运用。财政部青年干部在调研中聚焦国家治理水平提升，透过一件件鲜活的事例，深入思考并提出了意见和建议，对于完善制度顶层设计和提高执行效果具有较高的参考价值。财政部选取部分代表作品汇编成册，并摘取作品中所反映的突出问题、典型案例和意见建议印制成摘编，供相关单位参考，为业务工作提供支持。

三是发挥榜样引领作用，营造"比学赶超"氛围。对于青年干部撰写的调研作品，财政部每年开展年度"财青8+"调研成果评选，对获奖作者和先进组织单位进行表彰、宣传；把邀请获奖青年介绍调研经验、交流分享体会作为主题团日活动的一项重要内容，推动调研活动可持续、高水平地开展。

四是以调研为抓手完善青年工作的相关机制。围绕调研活动，财政部进一步完善青年工作机制，包括建立"三个一"交流制度，鼓励青年干部交流调研思考、体会，为推进中心工作建言献策；建立财政部青年学习导师制度，邀请部内司局级干部担任青年学习导师，帮助青年同志加强理论学习、提高调研能力，发挥"传帮带"的作用，搭建青年同志和领导干部沟通交流的桥梁；完善机关团委密切联系青年机制，近距离、多方面地听取青年干部对调研活动及相关工作的意见和建议，不断提高青年工作的质量。

四、结对借力提升研究能力

在调查研究中要善用结对支撑、混编借力的方法提高调研能力和调研效果。针对调研任务的主题和特点，邀请有关领域的高校智库、研究机构、行业协会、企业专家参与，通过委托调研、联合调研等方式加强深度合作，努力发挥其人才优势和专业优势。充分依托大数据、人工智能、5G等现代化技术手段，通过远程调研、线上调研等方式，凝聚合力、有效借力，从而使调研者得到专业化的人才支撑和技术支撑。

委托调研是指委托第三方调查机构，利用其专业队伍和资源平台开展样本数量需求较大的专题调研。例如，疫情期间，北方某省为及时掌握群众关心、社会关注的普遍性问题，委托省社情民意调查中心就农村劳动力春节后外出务工情况开展随机抽样调研，形成《疫情背景下农民工返岗存在"六难""六盼"》的调研报告，使得节后外出务工人员的服务保障水平得到进一步提升。

联合调研是指联合高等院校和科研机构，结合其教学和科研项目开展决策类信息调研。例如，河南省委机关联合郑州大学、河南大学、省社科院等单位，开展联合调研并合力形成《关于坚持改革创新推动开发区高质量发展情况的调查》，该调查提出的建议部分被省委文件采纳吸收，有效推动了科学决策的形成和实施。

远程调研是指在不便开展实地调研或为提高调研效率而采取的远程视频调研方式。例如，某省针对疫情影响下难以开展实地调研的实际情况，按照谋划选题、确定提纲、视频会商、撰写材料的流程，利用全省党委系统信息工作平台，与市县党委办公室远程视频，邀请基层干部群众介绍相关情况，获取第一手信息资料，开展短、平、快的信息微调研。

专家调研是指运用专家智库开展调查研究并辅助决策的调研方式。专家调研方面：一是委托有关科研机构和高校的相关领域专家学者开展专题调研；二是依托智库进行调研。智库承担着为政策出台"试水测温"和"放箩测向"的作用。美国《外交政策》杂志刊载的一项研究报告指出，智库在国家决策中扮演着十分重要的角色，有"候任政府"之称，是总统的"创意工厂"。智库作为现代国家的外脑，在决策咨询上发挥着无与伦比的作用。据《价格与市场》杂志介绍，美国行行都有顾问咨询公司。大至收购价值数百万美元的工厂，小至买蔬菜、药品，样样都要向专家请教一番才心安。在美国《幸福》杂志公布的 1000 家大公司中，95% 聘用了顾问公司。好的顾问公司，在它们的报告书里，除了建议，还会写明它们的意见的错误率，以及按照它们的建议所做投资的风险率。日本许多企业都有自己的智囊团，如三菱电气公司的咨询组织为公司各所属部门提供技术预测、产品预测、市场需求预测、科研项目评价和情报服务等，成为公司不可缺少的重要部门。正如《第三次浪潮》的作者阿尔文·托夫勒指出的：社会改变的速度越快，复杂性就越大，因而对于顾问、智囊和资料库的需求也越强。

在调查研究及政策制定过程中，调研者要善于把技术、管理专家、高手团结在自己周围，形成"智囊团""思想库"，使大脑得以延伸。2016 年，习近平总书记在哲学社会科学工作座谈会上指出："智库建设要把重点放在提高研究质量、推动内容创新上。"这对加强中国特色新型智库建设提出了明确要求。

目前，我国的智库建设还存在一些不足，比如解决"近忧"的成果多、政策论证解读多、提出技术性对策多，但解决"远虑"的成果少，提供战略方案少，经济社会预测预警、政策评估的成果少；碎片化成果多、系统化成果少等。为了发挥智囊团的作用，一方面要让他们把握领导的思想、意图，把活生生的实践经验充实到领导意图中，不断深化领导处于半成品状态的思想、意向和举措；另一方面要引导他们把调研的面放宽一些，即培养"国际观"，须有"全方位触角"，能进行 360 度全局"扫描"，了解国外管理等方面的新思想、新做法，留意国际国内各种情况可能产生的影响，在科学发展中献良策〔于立志，刘崇顺. 新时代领导干部调查研究指南［M］. 天津：天津人民出版社，2019〕。

第六章
调查研究方法的典型经验

一、古代调查研究典型经验做法

中国是世界上调查研究历史最悠久的国家之一。中国古代人很早就学会了使用各类调查研究的方法，并非常重视调查研究在社会生活各领域的重要作用。从现有古籍来看，从《山海经》中的山水调查到《汉书》中关于民户和口数的人口调查，都蕴含着古人在调查研究工作方面的智慧结晶。这些调查研究的方法虽然带有不同历史时期的局限性，但其中蕴含的一些宝贵的调研理念，对当代调查研究仍具有一定的启示作用。

《尚书·洪范》中强调"敬用五事"："一曰貌，二曰言，三曰视，四曰听，五曰思。貌曰恭，言曰从，视曰明，听曰聪，思曰睿。恭作肃，从作义，明作哲，聪作谋，睿作圣。""貌、言、视、听、思"这几个字对"社会调研"做了最古老、最全面、最简明的概括。它们形成于 3000 多年前，既论述了社会调研的态度，又论述了社会调研的方法；既论述了调查方法，又论述了研究方法，还论述了社会调研的过程和要求，是中国古代关于社会调研最全面的论述〔水延凯．简述中国古代早期的社会调查［J］．云梦学刊，2019（1）］。这也说明早在 3000 多年前，中国古代人已将社会调研看作治国安邦的一大法宝。

中国调查研究的历史延绵不绝，在历朝历代的史料及古籍中多有记录。如西周时期古人就有了"采风"制度，采风的目的：一是"观俗"，即通过采风了解百姓生活习俗，从而"礼俗以驭其民"；二是"观政"，即通过采风了解百姓对国家政治制度的意见建议，及时发现过失和不足，让统治者从中"观民俗，知得失，自考正也"。周王朝设立"采风"制度，主要是通过天子巡守定期深入民间搞调研、成立专门采风队伍派专人调查、定期逐级上报调研材料等调研方式了解民风、民情、民意、安邦定国。在当时，朝廷指定的采风官员叫"行人"，有"大行人""小行人"及其下属"行夫"若干，说明这支调研队伍人数不少。由于行人巡行时必乘辎轩（一种快速轻车），所以又称他们为"辎轩之使"。他们深入基层，从民间获取原始的、鲜活的风俗民情资料，并定期将采风所得的调研材料上报，"乡移于邑，邑移于国，国以闻于天子"。

《管子·问篇》开篇即提出"凡立朝廷，问有本纪"，文中提出了 60 多个要调查研究的问题，涉及政治、经济等多个方面。商鞅非常重视定量调研，将定量调研的统计数据作为变法的重要依据之一。《孙子兵法》中的很多内容涉及战略分析和战术侦察，这些也属于广义的调查研究的领域。

古代有作为的帝王大多非常重视亲自进行调查研究。秦始皇、汉武帝、唐太宗、武则天和明太祖等都曾经多次离开京城到各地进行巡视。其中，秦始皇统一中国后的 12 年中，进行了 5 次大规模巡视。

需要说明的是，古代的调查研究受限于当时的历史局限性和客观局限性，与当代的调查研究方法还是有很大不同的。不过，古人关于调查研究的积极探索和其中蕴含的调研智慧，仍对当代具有很大启示作用。

二、现代社会领域调查研究典型案例——《江村经济》

《江村经济》是费孝通以人类学的方法对江苏吴江一个村庄——开弦弓村开展调查研究的成果，是典型调查法的一次经典尝试。1935 年，作者历时一个月对开弦弓村的地理环境、村民的家庭结构、经济生产方式、财产分配与继承等进行了详细的调研，旨在通过人类学的视角展现我国传统农村社会的深层结构和功能。《江村经济》是费孝通的博士论文，也是他在开弦弓村进行微观调研的成果总结，既是人类学社区调研的典范，也是中国本土化研究的向导。

英国社会人类学家马林诺夫斯基曾高度评价该书，他在其序言中写到："此书有一些杰出的优点，每一点都标志着一个新的发展。本书让我们注意的并不是一个小小的微不足道的部落，而是世界上一个最伟大的国家。作者并不是一个外来人，在异国的土地上为猎奇而写作的；本书的内容包含着一个公民对自己的人民进行观察的结果。这是一个土生土长的人在本乡人民中间进行工作的成果。如果说人贵有自知之明的话，那么，一个民族研究自己民族的人类学当然是最艰巨的，同样，这也是一个实地调查工作者的最珍贵的成就。"

　　《江村经济》中最为可贵的一点是它所展现的"价值中立"精神和原则，是指"不以研究者自身的好恶和价值标准开展研究活动"。具体包括以下三点。在选题立项上，明确的"问题"和有真实代表性的对象，如费孝通是选择中国农村的一种类型的代表，而非为了宣传自己的家乡，或者仅仅为了方便住宿、省钱省事、完成论文、猎奇、呼吸新鲜空气等。需要指出的是，费孝通的江村调查以及《江村经济》所体现出的必然性，即一个知识青年的报国志向和专业训练的结合。在研究过程中，对确定了的主题，费孝通尽可能全面地收集各类对象的资讯情况，而非人为地选择某一类型或者故意漏掉某些类型——有意地将这一部分作为全部的资料。在形成结论时，费孝通只专注于对所得资料信息的细致地分类与合乎逻辑的解释，而非为了迎合某种潮流、获得某些势力的欢心，或者为了避免个人的某些麻烦等，而有意地忽略某些资料，从而导致分类与解释的失真〔周晓虹，张静，乐江.江村调查与社会科学的中国化：费孝通"江村调查"80周年纪念文集〔M〕.北京：社会科学文献出版社，2019〕。

　　《江村经济》是"解剖麻雀"的一次典型尝试。费孝通对此曾解释说："如果我们能对一个具体的社区，解剖清楚其社会结构里各方面的内部联系，再查清楚产生这个结构的条件，可以说有如了解了一只'麻雀'的五脏六腑和生理运作，有了一个具体的标本。然后再去观察条件相同的和条件不同的其他社区，和已有的这个标本做比较，把相同和相近的归在一起，把它们和不同的和相远的区别开来。这样就出现了不同的类型或模式了。这也可以称之为类型比较法。应用类型比较法，我们可以逐步地扩大实地观察的范围，按着已有类型，去寻找条件不同的具体社区，进行比较分析，逐步识别出中国农村的各种类型，也就由一点到多点，由多点到更大的面，由局部接近全体。类型本身也可以由粗到细，有纲有目，分出层次。这样积以时日，即使我们不可能一下认识清楚千千万万个中国农村，但是可逐步增加我们对不同类型的农村的知识，步步综合，接近认识中国农村的基本面貌。这种研究方法看来有点迂阔，但比较现实，做一点，多一点，深一点。我不敢说这是科学研究社会的最好的办法，只能说是我在半个世纪里通过实践找出来的一个可行的办法。"〔费孝通. 费孝通经典作品集〔M〕. 长沙：湖南人民出版社，2022〕

　　为什么费孝通的《江村经济》能成为调查研究领域的经典之作？主要有三点原因。

　　第一，"进得去"和"出得来"。对人类学、社会学而言，存在的一大难题，就是"陌生化"和"他者化"的问题。一个外乡人，对调研对象的一切都很陌生，不容易走进具体的环境氛围，"进得去"成为难题。而且用第三者的眼光调研，得出的调研结果未必真切。就"进得去"讲，费孝通有优势，他是本地人，又有姐姐费达生的引介（她建立乡村合作丝厂，很受村民尤其是妇女的欢迎），村民和村主任都很支持他的调研，为他提供多种材料。"进得去"是不容易的事。费孝通的志向就是把自己放到农民里边去，成为中国农民的代言人。他真心扎进村子，细心调查村情，热心研究农民。实践证明，他实实在在走进去了。"进得去"不简单，"出得来"更困难。他自己曾说过，人类学者在本文化中容易犯"出不来"的毛病，因而认为本土人类学者往往无法从自己所处的社会地位和文化偏见中超脱出来做出"客观的观察和判断"。但费孝通利用自身深厚的学养功力和专业特长兼容两者，把经济体系与特定地理环境及社会结构中的关系阐述得很清晰，使人能够从中看到一个村屯所代表的乡村经济发展的问题和动力。

第二，"一个村庄"与"一个中国"。费孝通的《江村经济》写的是一个只有 359 户 1458 人的小村庄，户均 4 人，均为小规模家庭。尽管他的调研是全景式的，具体解剖消费、生产、分配、贸易、土地、生活、婚姻、习俗等多方面，这种选点和方式依然是"微观"的。这样的一个村能否代表"中国农民生活"？对于这一点，在西方人类学界一直有争议。对于一个村能否代表一个国家，马林诺夫斯基对此给予肯定的意见。他说："没有其他作品能够如此深入地理解并以第一手材料描述了中国乡村社区的全部生活……通过熟悉一个小村落的生活，我们如在显微镜下看到了整个中国的缩影。"很多人类学家也肯定费孝通的《江村经济》在科学文献中的地位，主要是它以第一手材料描述了中国乡村社区的全部生活。窥一斑而见全豹，这需要高超的提炼功夫和宽广视野。费孝通做到了这一点，他让一个村作为中国农村的标本挺立在了世界社会学、人类学的丛林中。

第三，"一件事"与"一辈子"。虽然后来国内学术界认为，《江村经济》是老一代社会学者对中国农村社会变迁的尝试性调研，有开创性之功，但是这个"尝试"也是偶然性的，是费孝通的"无心插柳"。费孝通到江村时不到 27 岁。他进村后，发现这个村子可以作为中国工业变迁过程中有代表性的典型，于是开始了他的调查，写出了这部留存史册的经典作品。费孝通一生始终倾情"三农"，对江村的关注始终如一。在他的一生中，共去过江村 28 次，2003 年最后一次去江村时，已 93 岁高龄。费孝通初访江村是 1936 年，二访是 1957 年，而三访却到了 1981 年。对人类学而言，重访研究是一种调研方法。通过这种调研，可以对比式地揭示一个地方在不同时间点的阶段特征和变化性质，从而发现改变的规律、趋势及其改变的生动性。江村幸运地成为这样的历史性代表，成为现代中国社会学和人类学发展史上的重要时空节点，在费孝通"行行重行行"的坚持下，驰名世界，永载史册〔王西冀. 调查研究方法论〔M〕. 桂林：广西师范大学出版社，2022〕。

三、当代党政领域调查研究典型经验——中央和国家机关工委青年理论学习小组"关键小事"调研攻关活动的经验和做法

"旗帜微平台"曾刊文介绍中央和国家机关工委青年理论学习小组的调研经验。2022 年 4 月以来，中央和国家机关工委在"学查改"专项工作中，聚焦经济社会发展中的民生问题，从党中央关注和群众关切的"关键小事"入手，组织青年理论学习小组开展"关键小事"调研攻关活动。各部门高度重视、精心组织，106 个部门 2052 个青年理论学习小组共 3.1 万多名青年干部自愿参加、自主选题、自由组队，积极开展调研攻关。青年干部以"办好群众关心关切的小事，成就为民服务的大事"的情怀，深入基层、深入群众、深入实际调查研究，提出攻坚克难的新招、实招、硬招，形成近 2000 篇调研攻关成果，并总结提炼了"青年干部调研方法 18 条"。

（1）**问卷调查**。设计问卷的过程是对调研做整体谋划的过程，要充分考虑各方关切，反映对工作的全方位思考。问卷发放要有一定数量。教育部青年干部就多孩家庭入学问题面向教育行政领导、中小学和幼儿园校（园）长、家长等设计了3种问卷，全国共回收问卷3.27万份。国家统计局青年干部选取住宿餐饮业、建筑业等4类行业，在7个省区市开展小微企业问卷调查。

（2）**召开座谈会**。参会者要有代表性。调研者应提前设置好议题，会上营造畅所欲言的氛围，引导交流碰撞、相互启发。中央财办青年干部调研"平台经济红绿灯体系建设"，从监管方和被监管方两个视角研究问题，邀请中央网信办、中国人民银行、市场监管总局、中国证监会等部门青年干部，以及互联网头部企业有关人士进行座谈交流，共同寻找解决问题的路径。

（3）**一对一访谈**。调研者通过一对一、面对面深度交谈，投入情感，才更易让调研对象说心里话，并赢得他们的信任。交谈的时间要尽可能长，把问题聊深、聊透、聊彻底。财政部青年干部与卡车司机交朋友，听他们讲自己的故事，了解他们的"急难愁盼"。全国总工会青年干部与家乡农民工敞开心扉、促膝谈心，调研了解超龄农民工的所思所想。

（4）**微信群互动**。调研者可以以建立微信群、关注朋友圈等方式，与调研对象保持及时沟通，随时掌握情况，互动交流，提供力所能及的帮助，并开展政策宣介。国务院发展研究中心青年干部与全国500多位货车司机共建纾困微信群，深入了解国务院保通保畅各项政策落实情况，关心货车司机生活需要，并宣传有关政策。

（5）**实地和蹲点调研**。调研者应一竿子插到底，带着问题、带着感情沉下去，虚心向干部群众学习，学会"刨根问底"，掌握第一手鲜活材料。中央组织部 30 余名同志组成 10 个调研小组，利用 15 天时间分赴 10 个村蹲点调研，了解村班子运行情况和村情村貌。住房城乡建设部青年干部在北京、上海等 5 个省区市实地调研走访 80 个居民小区或公共充电站，深挖充电难问题的根源。

（6）**体验式调研**。调研者应转变身份，以第一视角体验群众"急难愁盼"，做到设身处地、换位思考。司法部青年干部深入湖南省常德市武陵区交警中队、派出所等，随一线执法人员上街道、下工地、进社区，全程参与机动车违停取证、夜查酒驾等执法辅助工作，了解行政执法辅助人员工作生活的真实情况。

（7）**跨部门联合调研**。调研者可以与有关部门、机构、基层单位等开展联合调研，克服本位主义，从全局出发研究问题。住房城乡建设部青年干部聚焦住房公积金租房提取问题，与国务院办公厅电子政务办、北京市住房城乡建设委、北京市海淀区住房公积金服务网点实行"三级联合"调研。自然资源部青年干部联合国家开发银行青年干部，共同研究社会资本参与生态保护修复问题，调研过程中还促成了有关企业与国家开发银行的合作。

（8）**委托和延伸调研**。调研者应借助第三方力量，委托专业机构，发挥专业优势，延长调研手臂。商务部青年干部委托中国纺织品进出口商会对四省 50 余家纺织服装行业中小企业开展调研。市场监管总局青年干部依托下属的成都标准化研究院，发挥其对外交流方面的优势，了解我国企业受国际规则影响的情况。

（9）**网络调研**。调研者应充分借助网络平台，走好网上群众路线，了解群众所思所愿，收集好想法、好建议。教育部青年干部用两个月时间，通过线上调研的方式，广泛搜集国家智慧教育公共服务平台用户的体验情况。文化和旅游部青年干部对 2022 年"五一"劳动节和端午节假期的网络舆情进行分析汇总，从中了解疫情背景下人民群众的假日文化和旅游需求。

（10）**大数据分析**。调研者应多渠道收集海量数据，抓取有效信息，运用信息化技术手段精准"画像"。税务总局青年干部抽取有关基础信息数据导入调研问卷。国务院发展研究中心青年干部利用算法模型对大数据进行分析，对比疫情前后社会反映找线索。

（11）**案例分析**。调研者应研究剖析典型案例，好的、差的都要有，从个别到一般，归纳共性，总结经验，发现规律。中央纪委国家监委机关青年干部围绕惠农资金管理抽样分析一批腐败和作风问题典型案例，查找监管薄弱环节。公安部青年干部收集整理近 5 年发生的 60 起电动自行车火灾典型案例，深入分析火灾特点及关键致灾因素。

（12）**信访办理和分析**。调研者可以通过信访渠道、求助热线等了解群众诉求，并在为群众解决实际问题中做进一步调研。国家信访局青年干部围绕"双减"课题，抽取部分群众信访件进行综合分析。国家卫生健康委青年干部借助热线电话，收集与疫情防控相关的电话和留言，了解群众集中反映的问题。

（13）**心理分析**。调研者可以引入心理学专业机构、专业手段，收集情况、研判问题、提出解决方案等都要考虑心理因素。中国科协青年干部联合中国心理学会开展青年科技人才创新心态调查。应急管理部青年干部注重分析应急值守岗位普遍性压力的主要表现和具体成因，并在心理专家指导下就减轻、释放岗位压力提出对策建议。

（14）文献查询。调研者应吸收借鉴已有实践和理论研究成果，避免重复研究，少走弯路。国家发展改革委青年干部在关于产业工人的调研中，梳理近 10 年来学术界对产业工人的研究成果和媒体的相关报道。应急管理部青年干部针对社区防灾、减灾、救灾能力建设，研究分析 1 万余份全国综合减灾示范社区申报资料。

（15）信息比对。调研者应广泛收集比对各方信息，核实情况，比较优劣，从大量信息中抓住重点，找出最优解。国家发展改革委青年干部开展"跨省通办"调研，梳理比对人力资源社会保障部、国家卫生健康委等部委出台的政策文件与我国各省区市的实施意见，研究推动形成政策落实的最佳方案。

（16）专家咨询。调研者可以多向专家请教，邀请专家指导，为调查研究提供更加专业化的意见。财政部青年干部在调研过程中，广泛听取专家的意见建议，包括来自 37 家科研单位的 6 名院士、188 名一线科研人员和企业管理人员等。

（17）试点先行。调研者可以通过试点，解剖麻雀，发现并解决问题，总结提炼成功经验。中国工商银行青年干部针对中小微外贸企业跨境收款中面临的难题，在上海分行试点实施跨境电商结售汇及资金收付业务新模式，取得良好效果，拟在全国推广。中国国家铁路集团有限公司青年干部在进京列车停靠站开展北京健康码自动核验研发测试，总结经验，逐步在全路推广。

（18）学习借鉴国际经验。调研者应培养国际视野，多渠道了解掌握相关领域其他国家的规则和做法，积极借鉴有益经验为我所用。外交部 100 余个驻外使馆青年干部深入了解驻在国国情，分析以色列的农业社区组织、新加坡社区养老模式、韩国垃圾分类、南非国家公园建设等利弊得失，为国内相关政策制定和管理提供参考。海关总署青年干部对中国、美国和欧洲童装、童鞋、儿童滑板车等技术法规及标准体系进行了比较研究，提出跨境电商进口婴童用品质量安全指数，填补了跨境电商监管领域指数研究的空白〔钟功轩. 青年干部调研方法 18 条［J］. 旗帜，2022 年（11）〕。

附　录

一、调研名家调研方法精粹：著名社会学家费孝通是怎样调查研究的

【背景介绍】

费孝通（1910—2005），江苏吴江县人，著名社会学家、人类学家、民族学家、社会活动家，中国社会学和人类学奠基人之一。费孝通毕生追求"脚踏实地、胸怀全局、志在富民、皓首不移"，穷极一生都在用实际行动探索"认识中国从而改变中国"的路径。他致力于在实地研究中深化对中国社会的客观认识，在乡土田野中寻找改造社会的钥匙。1935 年，25 岁的费孝通与妻子王同惠一道前往广西金秀大瑶山实地调查，但途中不幸发生意外，妻子离世。悲痛之余费孝通并没有停下田野调查的脚步。他化悲痛为力量，于 1936 年前往苏州吴江开弦弓村调研，并以此为基础写下了在学术界产生巨大影响的《江村经济》。1938 年，费孝通辗转到达抗战大后方昆明，一头扎进云南农村开展调查，完成了《禄村农田》等一批经典调查报告，以乡土社会为样本探索抗战胜利后如何建设国家的问题。新中国成立后，费孝通仍然坚持田野调查，涉足了中国大部分省区，并多次重回当年调研过的地方进行跟踪调研。1981 年 11 月 18 日，71 岁的费孝通因《江村经济》获得英国皇家人类学会颁发的"赫胥黎奖章"，成为第一位

获得这项荣誉的中国学者。行行重行行,山河寄衷情。费孝通的一生,始终与调查研究紧密相连。即使90多岁高龄时,他还坚持前往年轻时调研过的开弦弓村再度跟踪调研,总结并揭示了乡土社会变迁中的规律和趋势。费孝通调查研究的足迹遍布祖国的大地,他的调查研究思想和调查研究作品深刻影响着一代代人,至今仍值得我们学习借鉴。

【内容赏析】

费孝通先生学贯中西,学术造诣精深,尤其是他有关社会调查的思想和实践更是留给后世的一笔宝贵精神财富。在费孝通先生的大量经典调查研究著作中,《社会调查自白》一书专门探讨了他的社会调查方法。他从"我的一生是怎样从事社会调查的,以及这些调查是怎样影响我的思想的"讲起,接着简要介绍了自己开展社会调查的过程和方法,随后重点介绍了民族调查、农村调查、家庭调查、小城镇调查以及知识分子调查等调研方法,用丰富的调查研究实例诠释了"为什么想到做这些调查,怎样调查,又有什么体会"。在费孝通先生的《谈谈我是怎样搞调查的》一文中,他对自己搞调查研究的方法和心得进行了深入浅出的介绍,并总结了"从比较中发现问题""直接观察与典型分析""利用问卷做大规模调查""创造直接观察的条件""调查要深入,分析要细致"五个方面的经验。在此简要介绍,以飨读者朋友。

关于调查研究方法,费孝通提出要重视比较研究的方法,做好直接观察与典型分析。他本人第一次进行社会调查的地方是广西大瑶山。

在那里，他发现当地瑶胞的婚姻风俗与汉族不大相同。他从这些不同之处出发，进而比较不同民族的婚姻和家庭，撰写了《生育制度》。《江村经济》亦然，费孝通对江村的第一印象是当地房屋开建布局不仅与小城镇不同，和其他村庄也不同。通过调查研究他发现，不同的房屋结构式样与不同的社会关系和生产关系有关，江村正是因为家家户户要养蚕，住宅就是生产场所，所以需要那么大的堂屋；而一般小城镇里过去住的大多是地主豪绅，他们自然要垒起高墙自卫。由此，费孝通提出："社会调查就得从看到不同社会的事实加以比较，追问个为什么，从理论上去思索找出这个道理来。如果不作比较，就不容易发现这些问题，也就不容易进一步研究了。"

关于不同调研方法之间的结合运用，他提出直接观察调研法、问卷调查法等方法要结合起来运用，因为每种方法都有局限性。比如，直接观察法不适用于规模较大的调研，但问卷调查法就能有效弥补这样缺陷。然而，问卷调查只能弥补量的不足。二者只有有机结合，才能得到更为科学准确的调研结果。正如费孝通所说："我个人的体会是，首先必须用直接观察方法做好小社区内的微观调查。在这个基础上，才能做大面积的问卷调查。二者必须结合，因为微观调查有它的局限性，容易以点概面，发生片面性。怎样才能知道它有多大的代表性？这就要用计量法去测定这一局部在全部中的地位。不重视计量就容易夸大化。"

关于调查研究技巧，费孝通提出，在调研中要善于创造直接观察的条件："调查者对于调查来的资料总得想尽办法拐弯抹角地找出它的可靠性究竟有多高……资料的准确性主要建立在双方的合作关系上。

有了真正的合作关系，群众不但向你讲真话，而且会同你一起研究问题，还会把他们的经验讲给你听。"因此调研者要与调研对象真诚合作，营造良好的调研环境。

在提及对调查研究者的要求时，费孝通用他在西南调查知识分子问题时关于"两地分居"问题的例子说明，调研要深入、分析要细致。他在西南调研知识分子问题的情况时，听说当年中年知识分子生活苦、困难多、工作重、身体差。他发现制定问卷时，如果对知识分子的许多具体情况缺乏深入的了解，很容易影响调研结果。对此他举了个具体例子：关于中年知识分子中夫妇"两地分居"问题。开始时费孝通和参加调研的同事以为调研这个问题很简单，只要问问是否"分居"就可以了。其实不然。比如有一对夫妇都在昆明市工作，可是一个在郊区，一个在城里，相距 20 公里，像这样的距离，在北京坐公共汽车天天可以回家，在昆明就不行，因为交通不方便，女方只好住在郊区机关里。他们首先苦恼的是经济问题。两处开伙，费用就大，每月回去见几次面，又得花不少车费。其次是孩子由谁管？郊区小学教学水平低，要是把孩子放在城里，就得爸爸带孩子；妈妈在乡下挂念，也不能安心工作。可是这种情况一般不算"分居"，因为夫妇都在昆明。究竟什么叫"两地分居"？夫妻不在一起开伙、只有星期或假日在一起住，这算不算"两地分居"？要调查清楚这个问题就不那么容易，须提许多问题才行。如两地距离多远？靠什么交通工具来往？路上要花多少时间？……如果仅仅停留在一般化的了解，粗枝大叶是解决不了问题的。科学要求具体，要求细致，要有分类，才能反映出真实情况。由此可知，调查研究不能想当然、更不能大而化之，从调研方式到调研内容，都必须坚持细致、严谨的工作态度〔费孝通．费孝通全集［M］．第9卷．呼和浩特：内蒙古人民出版社，2009；费孝通．社会调查自白：怎样做社会研究［M］．上海：上海人民出版社，2009〕。

二、如何让调查研究走深走实：党政机关是怎样调查研究的

调查研究是各级党政机关民主执政、科学决策的重要工作方法，是发现问题、解决问题的重要手段。本部分选取了国家部委层面、省市层面以及县乡层面三个层级的调查研究实例，从而使读者对党政机关调查研究工作有更为直观、全面的认识。

（一）国家部委是怎样调查研究的

【背景介绍】

2023年，在学习贯彻习近平新时代中国特色社会主义思想主题教育中，中央和国家机关带好头、作表率，示范带动主题教育走深走实，坚定走好第一方阵。其中，国家发展改革委社会司党支部聚焦中国式现代化对社会建设领域提出的新任务、新要求，就完善社会政策、发展社会事业、提高人民生活品质等课题开展全流程闭环式专题调查研究。中央和国家机关工委宣传部副部长（挂职）、甘肃省纪委监委宣传部部长杨恒以《怎么看 怎么办 怎么抓——一次调研给出的启示》为题在《旗帜》杂志撰文，对这次调研进行了深度剖析。

【内容赏析】

关于调研中的"怎么看"，文中详细介绍了此次调研从"选点"到"看点"，再到"找点"的诸多细节。

多看点、少座谈。据调研组成员介绍，这次调研6天时间赴3省5市，只在南京市开了一个面上的座谈会，其他时间全在调研点上，对需要提供的重要信息，比如地名、姓名、重点数据等，只让调研对象写个"小纸条"。这样做，调研对象轻松，调研也能更加聚焦、更加务实。调研力戒形式主义，从繁冗会议和材料中解脱出来，有利于真正摸到实情、看到问题。

看样板、看短板。托育问题是群众普遍关切的问题，调研组在南京市建邺区了解到，当地把幼儿园建在产业园区，把托育所建在写字楼下，吸引了更多的年轻人落户。在安徽省淮南市寿县，调研组临时就近来到八公山乡卫生院和村卫生室，详细了解乡村医生的困难和问题。

学经验、找问题。调研组在江苏昆山发现一个好的做法。昆山市人口密集，学校少、学生多，就学矛盾突出，而建新学校立项、审批、建设周期长，远水解不了近渴。昆山市利用已审批规划但未使用的闲置土地，用装配式建筑拼装，一个假期就建成一所学校，缓解了入学难问题。调研组成员表示，办公室里想不到办法，一到基层就有答案。

调研组返程前，在浙江嘉兴机场就地开了一个会，每个人分享所见所闻、所思、所想，经过讨论，梳理出当前推动社会事业高质量发展亟待破解的5个问题。调研组5名年轻同志，一人领一个问题起草报告。报告的写法也是直奔主题。每个问题既有典型经验，也有"但是"，并且将重心落在"但是"上。例如，在"以均衡布局公共服务资源推动区域协调发展"这一问题下写道："复旦儿科医院安徽医院负责人介绍，国家区域医疗中心建成效果明显，近两年患者转外就医数降幅超过50%……但是，各地群众对优质资源的需求仍然强烈，公共服务供给总量不足、质量不高、结构性矛盾突出。""但是"就是调研要着力解决的问题。报告既以职能为提纲，又因责任而"超纲"。在调研提纲设计中，一开始列了四个方面。然而，在调研过程发现，人口流出地和人口流入地面临的公共服务问题截然不同，安徽寿县揪心的是人才留不住，江苏昆山揪心的是公共服务饱和带来的一系列紧迫问题。"流动的中国"考验公共服务资源高效配置，这个问题不能回避。于是，调研组"超纲"增加一条，直面这个牵扯土地、编制等多个领域的深层问题。

关于"怎么办"，该文从政策顶层设计、落实工作职责和强化资金支持三个方面提出了具体举措。

调研报告完成后，国家发展改革委主要负责同志再次作出批示：问题、短板找到了，怎么办？带着怎么办的追问，社会司立即召开司务会议，围绕报告所反映的5个问题，全司全员参与，立足国家发展改革委工作职责，强化系统观念，进一步研究梳理工作重点。怎么办？就要从政策顶层设计中谋实招。从根本上回应、解决问题，亟须制定管总的政策文件。在管总的政策文件之下，再进一步完善公共服务、教育、卫生、体育、家政等领域的专项政策，及时构建切实管用的"1+N"社会政策体系，把点的问题从整体上加以解决。怎么办？

就要从落实工作职责中见实效。例如，对于"流动的中国"如何高效配置公共服务资源问题，完善常驻地提供基本公共服务制度的政策举措，进一步厘清流入地和流出地，在保障基本公共服务方面的权责范围内，科学统筹需求与财力，推动指导地方分类分步完善制度安排，推进基本公共服务均等化。怎么办？就要从强化资金支持中提效能。社会事业的短板，还表现在地方财力保障能力弱、资金缺口明显上。因此，解决问题就得在有限的财力之下突出精准支持，统筹做好"一钱多用""多钱一用"，将中央预算内投资用在刀刃上。在回答"怎么办"的过程中，调研组全体成员深切体会到：不以问题为导向，就拿不出实招，心里不想着群众，就做不实工作，这既是方法问题，也是立场问题。

关于怎么抓，该文重点介绍了如何做到清单式落实、闭环式调研。

社会司再一次召开会议，专题研究部署"列清单、抓落实"工作。建立重点工作清单。对于调研提出的五个问题，按照有章可循、有据可依原则，进一步细化提出 17 项落实措施，谋划提出 23 项年度重点工作。层层细化、实化，最终每一个从点到线再到面的问题，又从面到线再到点，落实到每一项具体工作之中。社会司的同志理解，清单的"清"，就是理清、事清、任务清。纳入台账管理。清单清、台账明，清单清是抓落实的第一步。于是，将清单纳入台账管理，制成图表，明确阶段任务目标和成果形式，定期跟踪、加强问效。明确责任分工。就拿起草《完善社会政策发展社会事业提高人民生活品质的若干意见》来说，分解为 7 项具体任务，每一项任务都明确具体责任处室、责任人和时限要求。调研组成员编入新的任务链中，开始新的调查研究。从调查到研究，从纸上到实践，一次闭环调研形成了〔杨恒. 怎么看 怎么办 怎么抓——一次调研给出的启示〔J〕. 旗帜，2023（7）〕。

《怎么看 怎么办 怎么抓——一次调研给出的启示》一文通过对国家部委一次主题调研的"解剖麻雀"式分析，对调查研究的全流程进行了闭环式的剖析。调查研究是一种实证科学工具，也是部委机关科学决策的重要手段，可以说"无调研、不决策"。部委机关的调查研究虽然主题各异、领域不同，但有一些共性的规律方法。国家发改委评估督导司原司长王青云曾在《学习时报》撰文《用好调查研究"24招"》，总结了聚焦预研、深蹲、实查、连心、求效五方面的调查研究的"24招"，对于开展调查研究实务具有较强的、普遍性的指导意义。在此简要介绍其有关内容。

一是充分预研、夯实基础。预研是调查研究不可或缺的案头工作，是确保调查研究工作高效有序开展的基础。调研工作需用好对标对表、系统梳理、案头推演、结对支撑、混编借力这5招，明确工作方向、加强知识储备、找准抓手支撑，有效夯实调研工作基础。对标对表就是要精准对标对表党中央、国务院重要决策部署，围绕大局、大势、大事，锁定调研"靶向标"。系统梳理就是要系统性地总结政策文件、背景材料、国际做法、研究报告、统计数据等多方面材料，建立调研资料基础库，并在此基础上总结提炼、精细分类，做到"在案头知全局"。案头推演是指要科学设计调研提纲。做好调研预案，通过事先的推演把案头工作做实做细，保障调研工作有条不紊开展。结对支撑是指加强与研究机构的深度合作，发挥其人才、专业优势，联合开展调查研究。混编借力是指邀请高校智库、研究机构、行业协会、企业专家参与调研，从而在有效借力中发挥工作合力。

二是深入蹲点、解剖麻雀。蹲点调研是深入群众、了解实情、锤炼作风的好方法。主要有深蹲真蹲、下沉到底、全面解剖这3招。调研者应通过深蹲真蹲精准调研，把情况摸准摸透、把数据搞准搞实，找准群众最盼、最急、最忧的问题，有效发现工作的堵点、难点、重点和突破点。要坚持"沉到底"，以钉钉子精神直插一线，直抵现场。要坚持全面解剖。调研者应对发现的情况、问题进行全面深入的系统分析，抽丝剥茧地细解麻雀，避免蜻蜓点水、盲人摸象，从而导致以偏概全。

三是多措并举、深查实情。实查是调查研究能否取得实效的关键一环。为真正把实情"挖"出来，调研者可采取技筛人查相结合、座谈访谈相结合、明察暗访相结合等工作方法。要注重高效率"摸排"，调研者可以通过遥感、大数据技术辅助调查研究，用好互联网舆情分析和企业信用等多维度数据库，从而缩小寻找问题的半径，提升调研效率。善用智能化"穿透"，调研者应对摸排出的情况和问题进行初筛核查，通过信息手段与实际情况相互印证，对情况和问题进行穿透式了解。学会两条线"深挖"，调研者应将实地调研获得的情况与线上了解的情况有效结合、深入分析、互相印证，在线上用好技术手段，为资料数据提供支撑，在线下组建精干队伍，结合线上有效信息进行深查细挖。此外，在实地调研中，调研者要善于多开"热烈茶话会"、多开"重点上门会"，灵活运用暗访、"点穴式"突击访问等方法有效获取基层真实情况。

四是讲百姓话、采集民意。为了解企业和群众所难所盼、所急所怨，调研者就要聚焦"如何走到群众心坎上"这个命题，用好用白话促交心、以诚意听民情、用真心问愁盼这3招，真正做服务群众和企业主体的知心人。要善于"讲老百姓的话"，把机制、收入、程序、工作这些词变为"这个怎么办的""挣多少钱""需要你做些什么""在哪忙活"等老百姓一听就懂的话，调研者到了当地要学几句老百姓常用的"土话"。要坚持以诚意听民情。只有深入一线，和企业、基层群众围一张桌子、坐一条板凳，聊经营、谈家常、听困难、记诉求，才能让企业和群众敞开心扉，掏心窝地讲出真话。要学会用真心问愁盼。调研者要特别注意在调研中着力跳出被精心打磨过的材料的"包围圈"和早有准备的"场面话"，重点围绕群众最直接、最迫切的事项进行求证，切实把调研工作做到位。

五是对症下药、力求实效。能否取得实效是衡量调查研究工作成败的重要标尺。为实现政策的优化和工作质量的提升，调研者需把握去繁取精深析解剖、聚焦问题推动整改、纠偏完善疏通堵点、提出建议改进优化这4招，确保调查研究成果得到有效应用，真正取得实效。要去粗取精、由浅入深、由表及里地深入分析，理清逻辑链条，把真实情况提炼出来、把正确观点总结出来、把问题短板揭示出来、把意见建议准确提出来。调研者对梳理出的问题要形成问题清单，明确责任对象。建立问题整改机制、压实主体责任，调研者应努力用好通报、约谈、评优评差、工作晾晒等手段，对各方形成有力督促约束。要围绕纠偏完善疏通堵点，对调研发现的问题和不当做法，及时督查纠正纠偏，在自身职责范围内努力协调解决。此外，调研者还应注重将调查研究的经验和结论及时转化为能落地、真管用的意见建议，并积极协调政策制定部门改进优化相关政策〔王青云. 用好调查研究"24招"〔J〕. 学习时报，2022〕。

（二）省市级党政机关是怎样调查研究的

省市级在中国的行政层级架构中占据"承上启下、上传下达"的重要位置，其调查研究工作既要"上接天气"、紧紧围绕中央、服务大局，同时也要"下接地气"，指导下级、惠及基层。在省市级党政机关单位，除各单位自行进行的调查研究外，以调查研究为主责主业之一的关键部门就是政策研究室。在此，以湖北省委政策研究室（省改革办）原副处长、华中农业大学兼职教授余爱民的调研感悟为例，与读者分享这位被《人民日报》称为"农村调研土专家"的"充满泥土芬芳"的调查研究经历。

【背景介绍】

余爱民：湖北省委政策研究室（省改革办）原副处长，华中农业大学兼职教授、农村社会建设与管理研究中心研究员。当过农民、村组干部，小学民办教师、中学雇请教师、电大聘请教师，任过白螺镇团委书记、办公室主任、党委委员，荆州团地委宣传负责人，《监利报》总编辑、监利县委办公室副主任、县税改办主任、县土地延包办主任、县乡村化债办主任。主要从事农村问题调查研究，撰写农村调查报告上百篇。人民日报曾刊发《余爱民：农村调研土专家》。余爱民曾受邀在湖北省"三万"活动工作队联席会议上作了题为《"三万"活动大机遇，调查研究新篇章》的调查研究辅导报告，深入分享了其对为何开展调查研究以及如何开展调查研究等方面的心得。

【内容赏析】

余爱民在辅导报告中指出，调查研究要"深入调查""透彻研究"。在深入调查方面，他提出"四到八见看深入"。

所谓"四到"，即听到、看到、访到、查到。听介绍、看现场、走访群众、查阅资料，这是调查的一般方式方法。我们平常的调查是"三多一少"，听介绍多，看现场多，查资料多，走访群众少。调研组下去先开座谈会，主要是开市县乡三级干部座谈会，听领导干部和部门负责人介绍情况，这样容易对调研的事情有一个总体的、全面的把握。然后看现场（有时先看现场），不看现场写起来不踏实，看现场能获得具体实在的感觉、生动的形象，这是最鲜活的印象，非常重要。资料的学习参考也很重要。每次调研我们都会收到很多的资料，当天的资料要连夜消化，把重要的东西摘录下来或者在材料上做个记号，一天一整理，一地一小结，千万不要指望回到单位再看，回到单位肯定是要将所有调查得到的资料全面系统地过一遍的，然而问题在于，等到回去的时候，资料已经多到袋子和箱子装不下了，很多有价值的东西便给淹没了。走访群众可能是不够的，我们的调研常常因为时间紧而不能做到更多地走访群众。这不仅仅是工作缺陷，而且影响科学决策。

所谓"八见"，即既见领导又见群众、既见榜样又见抽样、既见成绩又见问题、既见共性又见特性。这是调查的一般要求，即调查要全面、要准确、要辩证、要独到。然而，我们的调查往往只见前面不见后面，我们以为深入了，实际上只到了一半。另外，我们的调查比较容易发现共性而忽视特性，所以写出的报告千篇一律。我们总是在"待到上林花似锦，出门尽是看花人"的时候才去调查，而特性的东西不一定太明显或者很突出，可能是"草色遥看近却无"或者"小荷打苞未露角"，这需要我们做深入调查并且有敏锐的眼光。

调查研究，不能只调不研。对于"透彻研究"，余爱民形象地提出要"烧熟七菜、熬好一汤"。

一是政治要弄熟。这是一点都不能含糊的政治问题。我的最便捷的操作办法是"学报告"。但凡要调研什么问题，我先把总书记的报告拿出来学习。党的各种报告，我是每写必学，估计读了几百上千遍。

二是政策要弄熟。解决问题一定要有政策依据，主要是看中央和省委制定的大政策，中央部办委制发的操作性政策也要参照。如何找政策？请到图书馆和档案室里查文件。

三是法律要弄熟。依法治国，必须依法解决调研问题。一些重要的法律法规要大致知晓，与自身研究相关的法律读本要随身携带。比方我这次下来，就带了《土地管理法》《农村土地承包法》。因为农村土地纠纷比较多也比较复杂。

四是理论要弄熟。很多问题，专家学者已有研究成果，我们要学习参考，我们的调研报告也需要有理论的指引。理论学习要长期坚持，"平时多烧香"，而我们总是"急时抱佛脚"，我的看法是，抱比不抱好，抱的总是佛。

五是史情要弄熟。历史情况，可查档案资料，也可向老同志了解。

六是外情要弄熟。他山之石，可以攻玉，如果人家早就从这里走出去了，那我们用不着"在黑暗里摸来摸去"，拿来主义也不是不可以，拿来加改造主义更完美。如果能就调研的问题到先进地区或国家考察一番最好，条件不允许的话，找他们要些材料，或者到网上搜些资料。

（三）县乡级党政机关是怎样调查研究的

县乡一级是中国行政机构的基层，也是与民生贴得最近最紧的一层，是调查研究的第一线，是解决调查研究"肠梗阻"问题、打通基层调查研究"最后一公里"的关键所在。在此，我们以曾在网络中广为传播的一位县委书记的蹲点调查为例，剖析县乡级调查研究的基本范式。

【背景介绍】

2014年时任郧县（现郧阳区）县委书记的胡玖明撰写了一篇7000多字的蹲点调查报告，在网络广泛流传，引起舆论关注。该文的热议不仅在于报道写得好，更在于其中所蕴含的认真、扎实、深入群众的调查研究的科学态度。人民网2014年5月刊文《湖北郧县大柳树村"一村俩书记"》，该文中介绍：自从县委书记胡玖明蹲点驻进大柳树村后，就被村民们亲切地称为"村书记"。村主任张博士说：最让村民津津乐道的是这个"村书记"到他们家"串门"，和他们同吃、同住、家长里短聊家常、问冷暖、号民情，以该村为标本，亲自撰写了一份

7000 多字的蹲点调研报告，对全县农村问题进行"解剖"，"我们村的党员个个争着先睹为快"。这篇调研报告之所以能够在网络上引发热议，关键在于调研者能够真正身入基层、深入基层，更为可贵的是他的调研并非走马观花，而是在调研中贴近群众、体察民情，真正发现问题并解决了问题。

【内容赏析】

在胡玖明 7000 多字的蹲点调查报告《大柳树村：感动·触动·行动》中，他总结了自己蹲点过程中遇到的"四个感动""四个触动""五个行动"。这些都源自他在基层访实情、查民情、助民生的真实感悟。

触动之一：走一走，转一转，矛盾化解一大半。

胡玖明说："在大柳树村调研，我最大的一个感受就是，当基层干部，不能嘴勤屁股懒，要经常到群众家里去看、去听、去问、去说。走一走，转一转，很多矛盾就成不了矛盾，即使真有问题也能得到很好的化解。例如，我在走访群众时，村民周光林说，他们组的会计现在不当了，在外打工，但前几年退耕还林补贴有三年没给群众兑现，问明了情况，我请村里一个星期之内先垫钱把群众的账结了，再去追偿；村卫生室两个医护人员一年只有几千元收入，我请县卫计局做一个调研，争取再提高一下待遇；等等。问题一路走，一路解决，等到后来开党员群众座谈会，再问大家有什么难题、有什么解不开的疙瘩时，大家都兴高采烈，连连摆手说没有了，没有了，气氛和谐融洽得就像一家人。"

由此可见，基层一线的调查研究，发现问题很重要，解决问题更为重要。基层一线是"上面千条线，下面一根针"，调研的过程既是了解掌握基层实际的过程，也是倾听群众诉求、解决民生疾苦的过程。

触动之二：一碗饭，一杯茶，群众眼里泪花花。

胡玖明在大柳树蹲点调研期间，在一次讲课中，一位基层群众说，要想让老百姓尊重你、亲近你，就不要出门拿杯子、坐凳垫垫子、接烟看牌子、吃饭擦筷子。胡玖明正是这样做的。他在村里调研，走到哪里，不论家境好坏，不看凳子脏净，只管一屁股坐下；群众递上一支烟，无论什么牌子他都连忙起身接着；群众递上一杯水，无论什么杯子什么水，他都双手接过来当面喝一口；无论群众的手有没有泥巴，只要拉着他的手不放，他就不先放……正是因为如此，百姓对这位县委书记赞誉有加，调研中对他也是知无不言、言无不尽。

触动之三：解决了关键少数，就团结了绝大多数。

领导干部是"关键的少数"。尤其是在解决联系和服务群众的"最后一公里"的问题上，村干部是"关键少数"。胡玖明向村干部提出要经常用"四看"来衡量自己。

一看自己的亲戚朋友是否享受了低保和困难补助等不该享受的政策。

二看落实党的优惠政策是否走了人情、听了招呼、接了条子。

三看自己亲戚朋友违纪违规是否依法依规处理到位。

四看自己平时对弱势群体的态度。

胡玖明说，以"四看"为标准，时时将心比心、以心换心，老百姓的气顺了、心齐了，基层工作也好开展了。

触动之四：农村遍地都是金，就看用心不用心。

胡玖明在调研中发现，这几年受打工潮的影响，农村大部分青壮年劳动力都外出务工了。尽管收入也算可观，但毕竟外出存在着许多工作和生活的不便，算算收入支出，也常常是"河里捞块板、屋里丢扇门"。而且劳动力的缺失，也成了农村很多建设无法进行、农村面貌难以得到较快改变的一大原因。通过调研他发现外出打工是一种从众心理，扎根家乡，立足本地资源，同样能够发家致富。

为了加强村居建设发展，加强外出务工村民回乡建设的吸引力，他徒步走 10 000 米地实地查看了未通公路情况、走访群众 50 多户、召开村民代表座谈会 3 次。在高山上扩建了一个能辐射全村的水塔，启动了群众文化广场、"最后十公里"通村公路、电网升级改造和 95 户危旧房改造升级建设，全面升级村容村貌整治，进一步壮大高山玉米产业等……在人民网采访时，时任乡党委书记董会祥说："这些问题是胡书记从老百姓的老茧手上，像号脉一样，一件件号出来的。在他带动下，我乡党员变被动为主动，到群众中去，认人、认亲、号脉，将问题归类、编号落实。"

如何让基层调查研究身入、心入、情入？胡玖明提出了"五个一行动"：建一本账、发一张卡、结一门亲、解一些难、找一条路。

建一本账：为掌握大柳树村的情况，胡玖明设计了一张调查表，设置栏目包括对每户家庭的人员构成、政治面貌、受教育程度、健康状况、从业情况、联系方式、家庭收入支出情况、承包土地、特色产业发展情况、享受国家惠农政策情况、家庭财产、存在的困难、主要诉求、将来打算以及对干部的意见建议等二十多项。尽管登记时工作量比较大，但经过几天的逐户走访登记，他发现一册在手，村里的情况了然于胸，再稍加整理，主要矛盾、问题的脉络已非常清楚。他计划将这种做法在全县推广，利用一个月时间，把全县每家每户的基本情况摸清楚，并以纸质和电子两种形式建成台账。

发一张卡：为了更好地联系群众、服务群众，胡玖明在大柳树村蹲点时，给每家农户制发了一张党群连心卡，上面写明，发卡是为了让我们的党员干部"扎根基层连民心、建强堡垒聚民心、回应诉求顺民心、铭记宗旨暖民心、同步小康固民心"。在卡上，将包村乡镇干部、村干部的职务、联系方式，以及财政所、派出所、卫生院、中心学校、供电所等基层服务单位的电话全部录入，并明确规定，电话号码不得随意更换，个人电话必须 24 小时畅通。如果有人员调动、单位变迁等特殊情况，必须在一个星期内进行变更告知。制一张卡，花费二三角钱，却把干部和群众紧紧联系在了一起。卡刚发下去，就得到了群众的正面回应，说过去找村里乡里办点事，山高路远，找人不方便，跑了不少冤枉路，现在有这张卡方便多了，按卡上的电话打过去，人在就去，人不在就不去，省了不少事。这真是"小小连心卡、联系你我他"。

结一门亲：胡玖明在调研报告中指出，大柳树村共有 23 名残疾人、484 名贫困人口；从全县初步统计的情况看，全县贫困人口将近 20 万，贫困面相当大。解决这一部分群众的生产生活问题，除了必要的政策兜底外，一个有效的办法就是发动干部职工的智慧和力量进行帮扶。全县有一万多名干部职工，在前期摸底的基础上，按照"认人认亲、扶智扶贫"的思路，以每个领导干部包 2 至 3 户、一般干部职工包

1 户的标准，现在已经对口将贫困户帮扶任务分配给了每一名干部职工，并且 7 年不变，直到 2020 年与全国同步迈入小康。从掌握的情况看，很多单位已经组织干部职工去对了门户、认了穷亲，还有的同志甚至双休日干脆带着家人到穷亲家里过，社会反响很好。

解一些难：胡玖明在大柳树村蹲点调研期间，群众反映生产生活中的难处不尽相同，但多数人反映、反映最强烈的问题，就是路和水。该村虽说公路通到了村部，但只是通到了行政村，很多自然村落依然是泥巴路。路不通，盖房子拉料"豆腐盘成肉价钱"，发展产业东西又不好卖，勉勉强强是"赔本赚吆喝"。全村人原来吃水都是吃泉水、河水，只是前几年村里一位在外创业成功人士回家钻了水井、建了水塔，辐射了村部附近 607 人，还有一半人吃水状况依旧，遇到天旱，人畜饮水非常困难。即使吃上水的户，铺设管道每户得投入 500 元，吃水每月缴 12 元钱保底费用，多了再缴，这对农村家庭来说，也是一笔不小的开支。在大柳树村蹲点后，胡玖明又到大柳乡其他村走访，情况一样，还是路、水两大诉求；再到全县其他乡镇走访，还是路路路、水水水。路、水之所以成为老大难，是因为投资较大，每年上级部门的建设指标有限，县里财政也只能每年安排一部分。水是生命之源，路是致富之基，路和水都是农村发展的基础性问题。按照从群众最关注事情改起的思路，当地县委、县政府很快形成了决议，2014 年 4 月底以前，由县交通运输局、水电局、各乡镇共同把每个村的路、水情况摸清楚，拿出详细的工作方案，整合相关资金，按轻重缓急分年度实施，力争在 5 年之内将全县路、水问题全部解决。

找一条路：解决农村的贫困问题，"雪中送炭"固然需要，但更重要的是帮群众找到一条可持续、管长久的发家致富之路，让群众"自己身上长肉"。大柳树村山场面积达 30 790 亩，每户平均下来有百把亩，山上植被茂密，盛产各种药材。山下土地多且肥沃，而且因为是高山气候，种植出来的玉米口感良好、营养丰富，畅销省内外。胡玖明给村民们建议，只要紧扣住"种养采"三字，就一定能快速富起来。种，就是在地里大面积种植良种玉米；养，就是利用山场优势大规模养殖黄牛、山羊和郧阳黑猪；采，就是平时多上山采药卖。算盘珠扒扒账面清，煤油灯挑挑眼前明。心里一合计，很多群众都觉得有道理，有两户正准备外出打工的一听就不出去了，立刻开始着手买猪、牛，进行养殖。

在促进农民致富的问题上，郧县大力整合各方面的涉农资金，围绕"蔬果畜药茶"大做文章，建成了近百万亩的产业基地，初步形成了以十堰农产品加工园为龙头的农产品深加工业，促进农民人均收入因此增长 1500 元以上。下一步，要结合各乡镇各村实际情况，围绕县定特色主导产业，进一步组织动员群众投身产业建设，使全县现代化农业的规模更大、档次更高、链条更长、效益更好。

古希腊神话中，有个巨人英雄叫安泰，他力大无穷，所向披靡，但是他有一个"致命伤"，那就是只要他离开大地母亲盖娅，他就失去一切力量。他的敌人得知这一点后，就把他举到半空中，然后将其扼死。通过胡玖明的蹲点调研，我们深刻感受到，人民群众就是共产党人的大地母亲，只有深深地扎根群众，紧紧地依靠群众，我们才能无往不胜。群众观点和群众路线是调查研究的根本方法。基层一线的调查研究需要"些小吾曹州县吏，一枝一叶总关情"的情怀办实事，也需要"纸上得来终觉浅，绝知此事要躬行"的态度解决真问题。要多做调查研究的实干者，少做好为人师的旁观者，避免调而不研、研而不究，真正为人民谋福祉，为基层谋发展〔胡玖明．湖北郧县大柳树村"一村俩书记"［EB/OL］．人民网，2014〕。

三、跟着《人民日报》学调研：主流媒体是怎样调查研究的

《人民日报》"组织振兴引领保障乡村振兴"系列调研报道

【背景介绍】

2023 年 7 月 13 日至 7 月 27 日，《人民日报》在一版刊发了"组织振兴引领保障乡村振兴"的系列调研报道，4 篇文章聚焦部分省区市以组织振兴引领乡村振兴的生动实践，并对如何推进乡村振兴进行了深入思考，引发社会热烈反响。这组调研报道的成功，归根于站位高、视野广，落笔实、调研深，问题抓得准、解决之道针对性强，因此有力度、有温度。这组报道也成为关于乡村振兴走深走实的典型调研报道。人民日报社微信公众号"研究事儿"对该组调研报道从破题立意、思考实践、报告撰写三个方面进行了全面剖析。现将有关内容与读者进行分享。

【内容赏析】

这组系列报道的四篇调研报道分别是《在增强政治功能和组织功能上持续用力——"组织振兴引领保障乡村振兴"调研报道之一》《吸

引各类人才在乡村振兴一线建功立业——"组织振兴引领保障乡村振兴"调研报道之二》《党建引领释放产业新活力——"组织振兴引领保障乡村振兴"调研报道之三》《乡村治理现代化之路越走越宽广——"组织振兴引领保障乡村振兴"调研报道之四》。这四篇调研报道围绕"组织振兴引领保障乡村振兴"这一调研主题，从增强政治功能和组织功能、吸引人才、党建引领、乡村治理四个方面进行深入调研，既围绕主题又各有侧重，既聚焦主线又个性鲜明。

如第一篇《在增强政治功能和组织功能上持续用力——"组织振兴引领保障乡村振兴"调研报道之一》提出，记者前往浙江、江西、河南、四川等地调研，走村入户采访基层干部群众，实地了解各地遇到的实际问题、创造的新鲜经验，报道选取浙江安吉县夏阳村、江西信丰县高坎村、河南林州市横水镇晋家坡村和四川成都市郫都区唐昌镇战旗村等多个村庄进行了典型调研，从中挖掘提炼如何将党的政治优势、组织优势源源不断转化为工作优势，为乡村振兴提供坚强政治保证。正如报道中所说："组织坚强，发展有力。各地坚持以组织振兴引领乡村振兴，把组织建设放在第一位，打造坚强战斗堡垒，激活党的肌体的'神经末梢'，打通贯彻落实党中央决策部署的'最后一公里'，为实现乡村全面振兴注入澎湃动能。"〔张毅，刘维涛，孟祥夫.在增强政治功能和组织功能上持续用力——"组织振兴引领保障乡村振兴"调研报道之一［N］.人民日报，2023（1）〕

在《吸引各类人才在乡村振兴一线建功立业——"组织振兴引领保障乡村振兴"调研报道之二》中，记者在调研中发现，各地都有不少吸引人才、留住人才的经验做法，通过用活乡土人才这一杠杆，在

"引、育、用"上持续发力，通过盘活存量、扩大增量、激发能量，努力以人才振兴撬动乡村振兴。其主要体现为如下几点：一是"下沉"，在政策引领下，各类人才资源下沉到乡村振兴一线；二是"外引"，营造良好创业环境，引来"金凤凰"盘活存量；三是"内育"，培养"爱农业、懂技术、善经营"的新型职业农民，即从三个维度提炼了如何培育人才、吸引人才、凝聚人才的经验做法〔廖文根，吴储岐，沈童睿. 吸引各类人才在乡村振兴一线建功立业——"组织振兴引领保障乡村振兴"调研报道之二［N］. 人民日报，2023（1）〕。

在第三篇系列报道《党建引领释放产业新活力——"组织振兴引领保障乡村振兴"调研报道之三》中，记者深入走访调研不同地区党建引领下集体经济发展的新模式，总结出"近年来，各地以党建引领推动村级集体经济'强筋健骨'，因地制宜、精准施策，积极探索发展壮大村级集体经济的新路径、新模式。从调研中了解到的实际情况看，比较普遍的模式是村集体依托本地农产品、旅游、矿产等资源优势，创办领办合作社或公司，采取'党组织＋合作社（公司）＋农户'模式，发展特色产业；也有的是实行股份合作，村集体利用土地、山林、实物资产等资源折价入股或资金入股等方式，与企业、合作社合股联营；有的是开展租赁经营，村集体盘活闲置、低效使用的办公用房等，或者异地兴建、购置厂房、商铺等，开展租赁经营，获取稳定收益；还有的提供服务创收，通过组织劳务合作社等方式，提供农业生产、加工流通、仓储物流、河道保洁等配套服务创收……"〔赵成，史一棋，李林蔚. 党建引领释放产业新活力——"组织振兴引领保障乡村振兴"调研报道之三［N］. 人民日报，2023（1）〕。通过实地调研、对比调研、典型调研等方式，破题"党建引领"这一看似宏观实则在基层落地生根的典型经验做法。

在第四篇调研报道《乡村治理现代化之路越走越宽广——"组织振兴引领保障乡村振兴"调研报道之四》中，记者围绕党员干部的"辛苦指数"不断转化为农民群众的"幸福指数"，不断健全完善以党建为引领，自治、法治、德治相结合的基层治理体系，坚持和发展新时代"枫桥经验"、不断创新基层治理的载体、形式等方面，总结此次调研的经验成果，提出："治理有效是乡村振兴的重要保障。实践充分证明，只要不断地发挥好基层党组织的战斗堡垒作用，加强和创新社会治理，广大农民群众的获得感、幸福感、安全感就会不断增强。"此外，记者在调研中不仅总结了经验，也发现了问题，比如调研采访中，有一些党员干部群众指出"乡村治理，必须力戒形式主义、官僚主义，往心里走、往实里干""要因地制宜，不能搞'一刀切'，也不能照搬照抄""乡村治理方式没有标准答案，只要符合实际、能够奏效、群众信服、经得起检验的，就是好答案"……〔张洋，王明峰，沈童睿. 乡村治理现代化之路越走越宽广——"组织振兴引领保障乡村振兴"调研报道之四〔N〕. 人民日报，2023（1）〕。

纵观以上四篇调研报道，虽具有浓厚的新闻报道特点，并非常规的调研报告，但其中所体现的如何靶向发力以求选题精准、如何深度思考以求素材鲜活、如何写法创新以求文法生动，对我们在调研中精准选题、深度调研、创新调研报告写法，具有很强的指导意义。

一是标靶求准，破解乡村振兴面临的关键课题

主题重，把握顶天立地结合点。本组报道以"组织振兴引领保障乡村振兴"为调研题目，契合党中央精神和决策部署，也抓住了当今农村报道的关键。全面建设社会主义现代化国家，最艰巨最繁重的任务仍然在农村。要引领和保障乡村振兴，最基础性的工作是健全村党组织领导的村级组织体系，发挥农村基层党组织的战斗堡垒作用。

策划精，把握调研议题切入点。为了让调研报告更有"针对性""参考性""时代感"，政治文化部科学策划、提前谋划，主要负责同志带队，党建采访室全体记者参与，先后深入浙江、江西、河南、四川4省调研，走村入户采访基层干部群众，实地了解各地遇到的实际问题、创造的新鲜经验，最终从组织、人才、产业、治理4个方面全面反映基层组织建设情况、基层党员干部心声和意见建议。这4个方面都存在不少长期的问题，因此也是通过加强组织振兴不断取得新进展新成效的关键领域。特别是，组织建设立足于将党的政治优势、组织优势源源不断地转化为工作优势，为乡村振兴提供坚强政治保证；在人才保障方面，要从"引、育、用"上挖掘各地吸引人才、留住人才的经验做法，为破解"三农"人才缺乏这个短板提供了样板。

效果实，把握解决问题发力点。如何发挥村支书等人的"领头雁"作用、如何健全基层党组织、队伍建设面临哪些挑战、如何破解村里人才缺乏问题、如何提升干部队伍能力水平、如何解决干事创业精气神不足问题……乡村振兴面临的难题繁杂，围绕中心议题，记者在采编过程中俯下身、沉到底，与群众坐在一条板凳上，找到关键问题，并把问题落小、落细、落实，突破表面，直触真实情况和问题核心。

二是思考求深，展现新时代乡村振兴的多彩风貌

报道着力挖掘党建引领乡村振兴的成功经验，展现了新时代我们党全面推进乡村振兴、加快建设农业强国的生动实践。那么，成功经验从何而来？如何在调研中全面、客观、准确地总结经验？

成功经验从继承中来。调研报道首篇《在增强政治功能和组织功能上持续用力》和次篇《吸引各类人才在乡村振兴一线建功立业》都用了很大篇幅介绍各地坚持派出驻村第一书记这一做法。这一做法是我国在打赢脱贫攻坚战中形成的一条重要经验，事实证明，在乡村振兴中仍然发挥重要作用。报道强调农村要牢牢抓住"头雁"队伍建设这个"牛鼻子"，细述本次村两委集中换届后，全国共有村党组织书记 49.1 万名，2022 年年底全国在岗驻村第一书记 21.09 万人、工作队员 56.3 万人；这些人要能做到"说话有人听，办事有人跟"，县乡要分别发挥"指挥部""作战部"功能。这就把成功经验的实效、标准、路径都很好地总结了出来。

成功经验是从实践创造中来的。随着乡村振兴在实践中的全面推进，各地不断涌现、创造出更多先进理念和成功做法，记者既用慧眼去敏锐发现，又结合对"三农"政策的理解来做出正确的判断。在调研报道之四《乡村治理现代化之路越走越宽广》一文中，记者捕捉到许多成功的案例，如四川省成都市在市、县两级成立城乡发展治理委员会来统筹基层党建和基层治理工作，通过院坝会、坝坝会建设乡土文化，加强精神文明建设；又如，河南省洛阳市的明达村创造性地进行"治村"——党员联户、设立路长、开展评比。这些新载体、新形式，都是在新形势下的新"发明"，说明了党组织引领下人民群众中蕴含着无穷的创造力。

三是写法求变，增强政治性报道吸引力和感染力

政治性报道如何增强吸引力和感染力，是一个大课题。在此次调研中，记者反复换位思考，在采访中"甘当小学生"，坚持"眼睛向下"，强化读者意识，增强读者体验，少讲大道理、多说大白话，生动展现在党建引领下，乡村焕发的新风貌、新气象。

文有"土"味，人有"农"味。比如，"没有产业，再漂亮的村也是花架子。""乡情是剪不断的纽带""最关键的还是让人才专心做事，努力成事，而不是操心办事"……这些采访中获得的语料，让文章的鲜活度得到显著提升。此外，如"门外汉""土专家""吃螃蟹""好钱景""强筋健骨""一盘棋""一条龙"等约定俗成的俗语、俚语大量运用，也无疑增添了文章的"农"味。

仰观俯察，点面结合。写这类综合性的调研稿件，要坚持问题意识，按照解决问题的实践逻辑串联一个个典型事例；同时要注意运用权威数据和宏观情况，穿插其中。两相配合，吸引读者从一个切入点出发，进而窥见问题的全貌，思考解决问题的途径和办法。比如在人才篇中，有这样一段话："进入新时代，在农业农村优先发展的政策指引下，一大批优秀干部人才选择了下沉一线，选调生、大学生'村官'、科技特派员……他们政治强、素质高、懂技术，有的还是某一领域的专家能手，用自己的专业知识，撬动农村产业发展。"这种高度概括的全景式扫描，既交代了时代背景，又点出了伟大成就，阅读起来就有通透之感。

多维关注，角度新颖。一般来说，典型报道中，正面事例、正面人物较多，但记者不轻易放过那些原本"负面"的典型，因为从"负面"到"正面"的转变往往更有说服力，更能说明报道主旨。《在增强政治功能和组织功能上持续用力》一文，直陈河南省"对88个村党支部书记无人可选、有人难选、工作处于瘫痪状态的村，选派优秀党员干部3—5人，到村重组党支部班子"，这说明搞组织建设绝不能讳疾忌医。该文还特地从河南、江西两省中选取了两个村从后进变先进的例子进行重点报道，如河南的林州市横水镇晋家坡村，村两委班子长期无所作为，曾被定为"软弱涣散党支部"，换了支书后，进行"三资"清理、整治村居环境，"迎着矛盾干，越干就越顺"，生动地反映了组织建设的强大引领力〔苏长虹．"组织振兴引领保障乡村振兴"报道如何做出调研味？看人民日报！〔EB/OL〕．研究事儿，2023〕。